哈尔滨商业大学学科项目“现代服务业支撑龙江振兴发展研究”（hx2016001）

基于大数据的绿色食品企业商业模式创新研究

易加斌　徐迪　王宇婷　著

中国财经出版传媒集团
中国财政经济出版社

图书在版编目（CIP）数据

基于大数据的绿色食品企业商业模式创新研究／易加斌，徐迪，王宇婷著．—北京：中国财政经济出版社，2018.6
ISBN 978－7－5095－8294－7

Ⅰ.①基…　Ⅱ.①易…　②徐…　③王…　Ⅲ.①绿色食品－食品企业－企业管理－商业模式－研究　Ⅳ.①F407.826

中国版本图书馆CIP数据核字（2018）第122296号

责任编辑：周桂元　刘　畅　　　　责任校对：杨瑞琦
封面设计：孙俪铭　　　　　　　　责任印制：张　健

中国财政经济出版社 出版
URL：http：//www.cfeph.cn
E－mail：cfeph@cfeph.cn

社址：北京市海淀区阜成路甲28号　邮政编码：100142
营销中心电话：010－88191537　北京财经书店电话：64033436　84041336
北京财经印刷厂印刷　各地新华书店经销
787×1092毫米　16开　7印张　118 000字
2018年6月第1版　2018年6月北京第1次印刷
定价：49.00元
ISBN 978－7－5095－8294－7
（图书出现印装问题，本社负责调换）
本社质量投诉电话：010－88190744
打击盗版举报热线：010－88191661　QQ：2242791300

前　言

新兴信息技术及其应用的出现带来了数据量的爆发式增长。如今，大数据时代已经到来。大数据逐渐渗透到各行各业，成为一个热点议题，数据对经济社会的推动作用被广泛接受，越来越多关于大数据在商业及社会公共等领域的实践应用与研究纷至沓来。随着大数据业务受到国家、政府和企业等的重视，大数据必将为经济社会的发展做出更大贡献，也将成为企业商业模式创新的驱动力之一。基于此背景，大数据也为绿色食品企业的发展带来了机遇和挑战。随着人们消费观念和消费能力的升级，绿色食品市场规模呈加快增长趋势，绿色食品市场的发展前景非常乐观。然而，我国绿色食品企业在发展过程中却存在一些亟待解决的问题，如先进信息技术的支撑力度不够、产品创新能力不足、营销手段落后、商业模式创新能力低，难以塑造企业的核心竞争优势等。大数据作为一种新的资源和技术，为企业发现和解决问题提供了新的方法和手段，绿色食品企业应注重将大数据塑造为企业的战略性资源并应用到企业运营管理的具体实践中，帮助绿色食品企业实现商业模式的创新。

本研究在对相关文献和理论进行梳理与分析的基础之上，构建了基于大数据的商业模式创新分析框架，对大数据如何影响商业模式创新的内在机理进行了研究。在此分析框架的基础之上，以绿色食品企业为研究对象，对其基于大数据进行商业模式创新过程中的影响因素进行研究。具体来说，本研究基于资源基础理论、动态能力理论等构建了学习导向、大数据能力以及商业模式创新之间的理论模型，并通过实证分析的方式对各个变量之间的交互影响关系进行检验。本研究有助于更进一步理解大数据对商业模式创新的内在影响机制，对于丰富大数据、学习导向、动态能力、商业模式及其创新等多个领域的理论具有重要的学术价值，同时也为绿色食品企业在大数据时代提升商业模式创新能力提供了理论指导和基本思路。在实践上，本研究则为处于大数据时代中的企业进行商业模式创新提供了可供参考的操作框架，帮助绿色食品企业对于大数据的讨论不再停留在表面，而是通过强有力的执行力和创造力来发掘和应用大数据的价值，积极引进并探索各种创新性的大数据应用，培育企业的大数据思维和意识，抓住大数据机遇进行商业模式创新，提高绿色食品企业的商业模式创新能力。本研究的主要研究内容如下：

第一，在国内外大量有关文献的基础上对与本研究相关的一些理论进行了系统的阐述，包括大数据相关理论、学习导向理论、动态能力理论、商业模式及其创新理论等，并基于此对大数据能力进行概念界定与维度划分，明确学习导向的概念及维度等。

第二，在商业模式及其创新等相关理论的基础上探讨了大数据对绿色食品企业商业模式创新的影响机理。首先，抽象出商业模式3个顶层要素并细化出各自的子要素，从而形成了商业模式两层次概念模型；其次，从绿色食品企业商业模式构成要素创新视角出发，构建了一个基于大数据的商业模式创新分析框架，即通过大数据引发商业模式各个构成要素的变革与创新，进而引发商业模式的创新；最后，利用该框架分析大数据对绿色食品企业商业模式创新的影响机理。

第三，基于资源基础理论、动态能力理论、大数据相关理论和实践等构建了本研究的实证研究模型，并通过理论分析和逻辑推演的方式得出学习导向、大数据能力与商业模式创新相互之间的关系假设，以及大数据能力在学习导向与绿色食品企业商业模式创新之间的中介效应假设；阐述了具体的实证研究设计过程，介绍了样本选择、数据收集以及本研究将使用的数据分析的方法。

第四，对样本数据进行统计分析和结构方程分析，从而对本研究所提出的各个关系假设进行检验，得出研究结论，并进行讨论与分析。具体来说，首先，运用SPSS 18.0对总体样本和各个研究变量进行描述性统计分析，对每个变量对应的概念模型进行信度、效度检验。其中，主要涉及探索性因子分析、验证性因子分析；其次，利用Amos 17.0进行结构方程模型分析，从而对模型中各路径的显著性水平进行检验；最后，对实证检验结果进行总结、讨论与分析。通过实证检验结果得出以下结论：（1）学习导向的3个子维度（即学习承诺、共享愿景以及开放心智）对商业模式创新均有显著的正向影响，因而学习导向对商业模式创新的正向影响得到支持；（2）大数据能力的3个子维度（即数据感知识别能力、数据整合能力、深度分析与洞察能力）对商业模式创新具有显著的正向影响，因而大数据能力对商业模式创新的正向影响得到支持；（3）学习导向各个维度与大数据能力各个维度之间不都存在显著的正向关系。其中，共享愿景和开放心智对深度分析与洞察能力具有显著正向影响的2个关系假设没有通过检验，学习导向对大数据能力的影响主要体现在数据感知识别能力、数据整合能力2个子维度。因此，学习导向对大数据能力具有显著正向影响的假设只得到部分支持。

第五，根据大数据的特征以及黑龙江省绿色食品企业发展现状和存在的问题，分析大数据为绿色食品企业转型升级与创新变革等带来的机遇和挑战。同时，结合本研究的实证分析结果为在大数据背景下绿色食品企业提升商业模型创新能力提出相应的对策和建议。

本研究丰富了学习导向、大数据、动态能力以及商业模式创新等领域的相关理论，为大数据、商业模式创新等的研究带来了新的视角，有利于绿色食品企业了解大数据对商业模式创新的内在影响机理和具体影响因素，为大数据背景下绿色食品企业寻找商业模式创新的切入点，探索商业模式创新的具体路径，提升商业模式创新能力等提供了理论依据和实践指导。但鉴于作者能力有限，本研究难免存在诸多不足之处，敬请广大读者批评指正。

易加斌

2018 年 2 月于哈尔滨

目　录

第一章

导　论

第一节
研究背景

一、现实背景

新兴信息技术及其应用的出现带来了数据量的爆发式增长。“大数据”时代已经到来。大数据逐渐渗透到各行各业，成为一个热点议题，数据对经济社会的推动作用被广泛接受，出现了越来越多的关于大数据在商业及社会公共等领域的实践应用与研究。与此同时，大数据也得到了一些国家的高度重视。2012 年 3 月，美国政府投入 2 亿美元启动“大数据研究和发展计划”，美国政府将大数据比喻为未来的新石油，并提出把对大数据的研究提升为国家意志。2015 年 8 月，中华人民共和国国务院印发《关于促进大数据发展行动纲要》（国发〔2015〕50 号），布置了 3 项任务：一是政府数据开放共享；二要培育新兴业态，推动经济转型；三要加强安全保障。此外，中国共产党第十八届中央委员会第五次全体会议（以下简称十八届五中全会）通过的《中共中央关于制定国民经济和社会发展第十三个五年规划的建议》提出，“实施国家大数据战略，推进数据资源开放共享”。随着大数据业务受到国家、政府和企业等的重视，大数据必将为中国经济社会的发展做出更大贡献，也必将成为企业商业模式创新的强有力的驱动力。

Jie Sheng 等（2017）追踪了近十年管理领域对大数据的观点，发现人们越来越认识到大数据的商业价值和以数据驱动为主导的管理变革。大数据具有变革商业模式的潜能，这种潜能和价值也得到诸多企业的认可和挖掘。例如，阿里巴巴、京东、顺丰等国内知名企业。科学技术的快速发展、产品生命周期的不断缩短以及消费者需求的复杂多变等因素导致企业面临的市场竞争日益激烈，这使得商业模式创新对企业发展的重要性越来越明晰。因此，大数据与商业模式创新的关系也得到越来越多人的高度关注。作为经济社会发展的主体之一，企业需要知道应该如何利用大数据创新自身的商业模式，哪些因素会对企业基于大数据进行商业模式创新产生影响。绿色食品企业在促进消费、拉动产业升级以及科技创新等方面发挥着至关重要的作用，在当前互联网尤其是移动互联网时代与消费密切相关的背景下，绿色食品企业如何与大数据密切联系，形成基于大数据的商业模式创新、营销体系创新，成为传统绿色食品企业转型升级发展的重要议题。因此，在大数据时代下，绿色食品企业更加需要不断地学习与创新，进行知识和技术的探索，将大数据视为企业的战略性资源并融入到企业运营管理的具体实践中，从而实现企业的价值增值并凸显出对其他行业的示范和辐射带动作用。

二、理论背景

目前，大数据的潜力及其对商业模式转型与创新的影响已基本为学术界所认可，并出现了一些相关的研究，主要集中在大数据对商业模式创新的驱动机理研究、基于大数据的商业模式创新路径研究等，而对企业基于大数据进行商业模式创新的内在影响机理以及影响因素等方面的研究却比较少见。此外，现有的研究成果多停留在理论层面的推演，缺乏实证层面的进一步检验与分析。

资源基础观认为，企业所拥有的有价值的、稀缺的、不可模仿和不可替代的资源使得企业具备获得持续性竞争优势的潜力。大数据成为企业的一种重要战略资源已经得到许多学者、企业家的认可。例如，荆浩（2014）在其研究中指出，大数据的重要性和地位可以和传统生产要素相媲美；McAfee 等（2012）在其研究中阐述了数据对于企业的重要性，并将数据喻为企业的核心资产。然而根据动态能力理论，企业的发展和外部环境的变化会使得企业的资源失效或者被耗尽，企业必须具备一种动态能力，这种动态能力可以帮助企业适应环境的变化，并持续地为企业带来竞争优势。大数据以数据流的形式产生并快速流动，而且这些数据的价值会随着时间的推移而迅速降低。在这种情况下就要求企业具有快速、及时处理和利用大数据的能力。因此研究认为，在大数据时代背景下企业大数据能力的构建和培育必须成为优先考虑的一项战略任务。程刚关于大数据能力的研究，率先提出了大数据能力的概念，尽管他没有对大数据能力各个维度进行清晰的界定，但却具有开拓性的意义，并为之后的研究提供了思路和方向。基于本研究的文献梳理，可以发现目前学术界对大数据能力的研究还是比较缺乏的。

李文莲等（2013）在其研究中提出，大数据提供了一种新的资源和能力，为价值的发现与创造、问题的解决等提供了新的基础环境、路径和方式；大数据带来了思维方式的变革，激发企业对资源、价值、关系、边界等传统观念的重新思考，所以企业需要塑造一种开放的态度和价值观来应对大数据的变革性特征。根据学习导向理论，学习导向反映组织内部对待学习的价值观，影响组织创造和使用知识的倾向以及组织学习的过程，可表现为对企业现有的基本理论、思维模式和主要逻辑提出质疑或反对，鼓励知识的共享、创造与运用。虽然学习导向受到了学者们的关注，但更多集中在学习导向与动态能力、竞争优势、组织绩效以及创新等之间关系和作用机制的研究，鲜有学者将企业的学习导向与大数据或商业模式创新整合到一个框架中进行研究。综上分析，本研究基于绿色食品企业需要从传统的商业模式向新型的商业模式转型并提升自身学习能力的要求，构建了绿色食品企业学习导向、大数据能力以及商业模式创新之间的理论模型，并提出了相应研究假设，进而以绿色食品企业为调查样本对三者之间的关系假设进行检验，从而厘清三者之间的交互影响机制。笔者希望本研究能为组织学习、企业能力和创新的相关研究提供新思路，能为绿色食品企业基于大数据进行商业模式创新提供一定参考和借鉴。

第二节 研究目的与意义

一、研究目的

近年来，学术界出现了越来越多的关于大数据商业价值以及其价值应用的研究。在大数据时代，领先的企业不仅需要打破信息孤岛，对大量数据进行收集、存储以及整合，而且需要围绕大数据进行创造性思考，引发新的观点、发现新的热点，将大数据运用到企业运营管理实践中进行商业模式的创新，从而为企业带来新的价值增长点。本研究的目的在于提高绿色食品企业应用大数据的能力以及变革和创新的能力，使其抓住大数据带来的机遇，迎接大数据时代的各种挑战。基于前人的研究成果和大数据发展实践，本研究在以下方面作出了深入研讨：首先，对大数据能力进行了概念界定和维度划分，构建了绿色食品企业基于大数据的商业模式创新框架，并在理论上构建了学习导向、大数据能力和商业模式创新之间关系的理论模型；其次，在大量文献研究和访谈基础之上设计了相关的调查问卷，以绿色食品企业作为问卷的数据来源，并应用相关理论结合因子分析、结构方程模型分析等分析方法对企业商业模式创新影响因素进行研究，从而探索学习导向、大数据能力和商业模式创新三者之间的交互影响机制；最后，在实证研究结果的基础上提出了绿色食品企业提高商业模式创新能力的建议及措施，为绿色食品企业在大数据时代下进行商业模式的革新提供了理论依据和基本思路，使绿色食品企业能够找到大数据背景下影响商业模式创新的关键要素，理解大数据能力的内涵和特征以及学习导向、动态能力和商业模式创新之间的路径依赖关系，最终找到恰当的切入点为商业模式创新创造良好的基础和条件。

二、研究意义

基于上述背景和研究目的，对绿色食品企业基于大数据的商业模式创新展开系统研究，不仅具有重要的理论意义，而且具有较高的实践价值：

1. 理论意义

首先，近年来学术界虽然出现了较多关于商业模式创新的理论研究，但是主要集中关注商业模式创新内涵、创新路径研究以及商业模式创新实施和演变过程研究，关于商业模式创新影响因素的研究相对较少，且没有形成系统的理论。其次，大数据具有变革商业模式创新的潜能，各行各业也涌现出越来越多的成功的大数据应用实践，然而国内外学者对基于大数据的商业模式创新研究较少。因此，本研究从大数据为绿色食品企业带来的机遇和挑战及企业对大数据价值应用的现实需要出发，以大数据、商业模式及其创新、学习导向、动态能力等理论为基础，在分析绿色食品企业基于大数据的商业模式创新内在机理的基础上，构建了学习导向、大数据能力以及商业模式创新之间的一个关系模型，并以绿色食品企业为调查样本对模型进行检验，探索在基于大数据进行商业模式创新过程中的影响因素。本研究对于丰富大数据、学习导向、动态能力、商业模式及其创新等多个领域的理论具有重要的学术价值，同时也为绿色食品企业在大数据时代提升商业模式创新能力提供了理论指导和基本思路。

2. 实践意义

笔者通过对相关文献进行研读与梳理，发现许多学者将商业模式创新的影响因素简单归类于外部因素或内部因素。其中的外部因素如资本市场、消费者需求、竞争环境等等是企业不可控的，企业只能去适应它们，对指导企业如何成功进行商业模式创新、提高商业模式创新能力的作用不大。本研究对学习导向、大数据能力这两种企业可以改善和提高的因素放在大数据背景下展开深入分析，探讨企业商业模式创新的交互影响机制，更能体现企业自身的能动性，也更具有指导性和可操作性。此外，本研究以绿色食品企业为例进行实证研究，并且根据实证研究的成果，同时结合绿色食品企业的特点对绿色食品企业在大数据背景下提升商业模式创新能力提出了一些对策和建议。因此，从实践应用角度来看，本研究的成果有利于绿色食品企业塑造一种开放、创新的组织文化，将大数据作为一种新资源、新技术和新工具，融入企业的运作体系中；有利于绿色食品企业基于对大数据的整合、分析与挖掘进行创造性思考，将其应用于绿色食品企业生产经营的各个环节，最终提高其市场服务能力和环境适应能力等；有利于帮助绿色食品企业通过强有力的执行力和创造力发掘和应用大数据的价值，积极引进并探索各种创新性的大数据应用，培育大数据思维和意识，抓住大数据机遇进行商业模式创新，提高绿色食品企业商业模式创新能力。

第三节 国内外研究现状

一、国外研究现状

1. 大数据的研究现状

对大数据的相关研究主要集中在大数据基本理论研究、大数据技术研究以及其应用研究等。其中，对大数据基本理论的研究主要涉及大数据的起源与发展、基本概念和特征以及现实意义和影响等。近年来，学术界关于大数据基本理论的研究越来越少，而出现了越来越多的关于大数据技术和应用方面的研究。

作为新的研究热点，大数据技术的研究是建立在现有技术基础之上的，包括云计算、Hadoop、MapReduce、数据聚类等大数据存储与分析技术，研究内容主要涉及对现有技术和算法的改进与优化等，以帮助提高算法的性能。Liu（2013）对大数据处理的计算框架进行了综述，并简要介绍了计算架构的出现、改善数据和任务并行机制以及提升纵向横向计算并行机制的具体途径。Ji等（2012）基于云数据管理和大数据处理机制，说明了大数据处理的关键问题，主要包括云构建、云计算平台和云数据库，提出了 MapReduce 并行处理架构的优化策略以及对开放问题和挑战有所涉及。Xu 等（2015）开发了一个基于云计算的网络安全管理系统来帮助稳固大型网络数据的分析进程。Lee 等（2012）为了改善效能以及并行处理问题，提出了一个新的 Hadoop 模型。大规模数据的云计算一般都依赖于 MapReduce 框架和 Hadoop 实现，这极大地影响了云基础设施中的电力消耗，为此，Ibrahim 等（2016）通过一系列的实验探索来研究动态缩放计算节点的频率对 Hadoop 集群的性能和能源消耗的影响。为了解决传统推荐服务系统的可伸缩性和效率问题，Riyaz 等（2016）基于原有的 Hadoop 框架提出了一个改进的使用协同过滤算法的产品推荐系统，从而实现对大数据的应用。

大数据给各行各业带来了变革与创新的机会，相关的大数据应用正处于持续发展和探索之中。大数据时代，生产和生活的各个方面均成为数据和信息的来源，从互联网、物联网到地理信息等，相应的大数据应用也十分广泛。Addo - Tenkorang 等（2016）讨论了大数据在运营及供应链管理上的发展趋势和观点，提出“大数据 II”（物联网增值）框架，认为该框架是大数据的一个延伸，并基于此框架提出大数据可以被深入挖掘以使工业管理者和企业高管进行明智的战略经营和管理决策，从而提高投资回报。Koscielniaka等（2015）认为大数据分析有助于支持决策过程，并对具体的影响机制进行了研究。Rama 等（2016）以中国企业为例进行定性研究，探索大数据在商业智能上的应用和影响。Tan 等（2015）认为大数据可以帮助企业创新产品、拓展新业务，还有助于企业理解不同子公司如何以成本效益的方式协同合作，最终优化企业的运作过程。Iqbal 等（2016）探讨了大数据在现代生活中的重要性，并从经济角度探讨了大数据利用带来的挑战。Nuaimi（2015）等研究了大数据在智能城市上的应用。Ang 等（2016）论述了基于大数据的传感器系统在城市环境治理中的应用，包括空气污染监测、灾害管理系统，智能交通等。

2. 大数据能力的研究现状

大数据能力近几年才被学术界提出，对大数据能力的研究尚处于起步阶段，国外鲜有学者对大数据能力进行研究。La 等（2011）在其研究中提到数据筛选、整合、分析及应用能力，认为这种深度的商业分析能力可以帮助企业获得差异化竞争优势，但是其研究并未对上述能力的内涵做详细界定和说明。Shah 等（2011）认为大数据并不等于大洞察，“大数据”需要得到“大判断”的补充；同时，针对如何让更多的员工从大数据中获得洞察力提出了建议。Wamba 等（2017）构建了一个分层的大数据分析能力模型，并对大数据能力、企业绩效和动态能力之间的关系进行研究，研究结果验证了大数据能力模型，并且发现了大数据分析能力对企业绩效的直接影响以及基于过程的动态能力在大数据分析及洞察能力与企业绩效之间的中介效应。Wang 等（2015）通过对医疗领域 26 个大数据实施案例进行分析，识别出以下 5 种大数据分析能力：（1）对护理模式的分析能力；（2）非结构化数据分析能力；（3）决策支持能力；（4）预测能力；（5）可追溯性。提出了 5 种策略从而为想要采用大数据分析技术的医疗机构提供指导。Soroka 等（2017）认为由于中小企业具有灵活的成本结构和可伸缩性等，使得其可以从大数据分析中获得消费者洞察以及由用户驱动的设计等。

3. 学习导向的研究现状

目前国外关于学习导向的研究已经从学习导向的概念、学习导向的测量研究转向学习导向与企业创新能力、企业绩效等之间关系的研究。

作为一种组织特征和企业文化表征，学习导向表现为组织、鼓励、引导员工以批判的眼光质疑公司既有的准则和价值观等，因此学者们倾向于将学习导向与企业创新相关的内容联系在一起进行研究。例如，Aziz 等（2013）的研究结果验证了学习导向的两个维度，即知识共享和愿景对中小企业创新能力的直接影响。Mahmoud 等（2016）的研究结果表明，学习导向对创新有显著影响。Tajeddini 等（2017）收集了来自日本 178 家酒店经理和管理人员的数据以对组织结构、学习导向以及组织创新之间的关系进行检验，研究结果表明有机型组织结构对服务创新产生积极影响，学习导向水平的提高促进了有机型组织结构对服务创新的有效性。

近年来，学习导向与企业绩效之间的关系也受到了学者们的关注。例如，Mahmoud 等（2012）研究了市场导向、学习导向对非营利组织绩效的影响。Real 等（2014）将创业导向、学习导向、组织学习以及企业绩效整合到一个理论模型中进行研究，实证分析结果验证了创业导向和学习导向对组织学习以及企业绩效的正向影响；组织学习部分中介创业导向和企业绩效之间的关系，完全中介学习导向和企业绩效之间的关系。Garrido 等（2014）在其研究中指出学习导向能够实现战略创新，进而对组织的创新绩效产生显著影响。Sandeep 等（2015）研究了学习导向与企业绩效之间的关系，以及企业规模在其中的调节作用。Beneke 等（2016）以发展中国家的中小企业为例，研究市场导向、学习导向与组织绩效之间的关系，并将研究结果与发达国家的相关研究成果进行比较。

4. 商业模式创新的研究现状

学术界关于商业模式创新的研究已经由早期主要关注商业模式创新内涵转向主要关注商业模式创新的路径、影响因素以及实施过程等方面。

早期国外学者多从商业模式构成要素创新或者从价值链等角度来研究商业模式创新路径。近年来，学者们更多地是在前人研究成果的基础之上，结合特殊的时代背景（例如，大数据、云计算和互联网）以及成功的商业案例对商业模式创新路径进行探索和研究，从而为商业模式具体的设计与实施路径提出了一些建议或者抽象化出一个具有可操作性的商业模式创新路径的分析工具。Haiu 等（2013）基于双边市场理论，指出平台型企业需要从双边网络效应范围和深度、双边消费者差异化分布进行商业模式设计。Johann 等（2016）通过选取软件服务行业的 6 家公司进行多案例研究，分析了商业模式演变的路径，并提出了 1 个说明商业模式演变与创新过程的理论模型。Sharon 等（2017）研究了企业的生态设计困境是如何促进企业的生态设计演化的，并基于此探索了企业的商业模式创新路径。Zott 等（2017）提出企业在进行商业模式创新时必须从内容、结构与治理 3 个要素着手，并通过一些成功的企业案例（例如，IBM 等）对这 3 个要素进行了解释与说明，基于此来研究商业模式创新路径。Adrodegari 等（2017）认为，目前以产品销售为基础的传统商业模式向新产品服务体系的全面转变可以看作是企业获得收入和新的竞争优势的契机，并提出了一种新的集成多步方法来选择和设计最合适的产品服务体系商业模式。

近几年，国内外开始出现一些关于商业模式创新影响因素的研究。例如，Doz 等（2010）指出，影响企业发现顾客价值和进行商业模式创新与设计的 3 个因素分别是战略敏感性、统一领导与资源柔性。Demil 等（2010）认为，企业过去的成功容易使企业内部形成某种思维定势，从而成为商业模式变革的阻碍。Gua 等（2014）的实证结果表明，技术创新投资、企业知识和社会资本对商业模式创新的正向影响。Guo Hai 等（2013）以 146 家中国企业为样本进行的实证研究表明，高层管理者的企业家技能、创业技能以及管理者关系均会对商业模式创新产生显著的影响。Marco 等（2015）的研究结果得出商业模式转变和无形资产之间积极的互补作用。Aagaard 等（2015）通过了解企业利益相关者的行为和潜力，认为基于此形成的说服和调解利益相关者的能力可以支持企业的可持续创新和商业模式创新。Bouncken 等（2016）研究了企业规模和年龄、企业联盟经验、联盟持续时间对商业模式创新的影响。Rusu 等（2016）以一家小型旅行社为案例研究了产品创新、营销创新及组织创新等对商业模式创新的影响。Ricciardi 等（2016）提出了包含 7 个维度的综合模型，认为该模型中的 7 个维度能够描述组织动态自适应商业模式创新的关键驱动力。

5. 基于大数据的商业模式创新研究

大数据背景下的商业模式创新研究近几年才得到学者的关注，且更多是理论层面的分析。Brown 等（2011）指出，在大数据时代，发展新的思维和技术对企业的成功有决定性作用。他认为管理实践循环在大数据的影响下能够得到扩展，大数据能够对具有破坏性的、潜藏在其中的、新的商业模式产生作用，进而指出企业在大数据背景下竞争的新标志为恒久的实验、完全定制化和新颖的商业模式。Bughin 等（2011）认为大数据会给企业带来新的规则和管理模式，挖掘大数据的价值并应用到企业，将会给企业带来竞争优势。McAfee 等（2012）阐述了数据对于企业的重要性，并认为数据还会对业务方式产生较大的影响，也有可能重新构建一种企业的组织和文化。Loebbecke 等（2015）认为，数字化和大数据分析重塑了商业模式并影响了知识型员工之间的就业（正如制造业工人的自动化），并研究了数字化和大数据分析驱动商业和社会变革的内在机制，同时概述了其对社会就业的影响。Ahmad 等（2015）在其研究中提到，大数据分析最重要的应用之一就是新知识的创造、新管理规则的产生以及建立在大数据之上的新经济。Hartmann 等（2016）对由数据驱动的初创企业的商业模式进行了研究和相应的分类，进而通过提出一个框架来系统分析数据驱动的商业模式（Data - Driven Business Models，DDBMs）。Erevelles 等（2016）认为，通过对大数据的利用，可以帮助企业更好地满足用户需求、提高用户满意度，及时抓住商业热点以做出重要的决定，优化价格体系，而这些恰好是商业模式的构成要素，所以根据商业模式创新理论可以推演出大数据对商业模式创新的影响。

二、国内研究现状

1. 大数据的研究现状

国内关于大数据的研究是2012年以后才开始出现的，因此关于大数据起源与发展、基本概念及特征的研究基本上都是借鉴和引用国外学者的研究成果。国内对大数据基本理论的研究侧重于说明大数据的现实意义及其带来的机遇和挑战。李国杰等（2012）对大数据的研究现状和重要意义进行了阐述，并对大数据的发展与应用问题进行了分析与说明。孟小峰等（2013）剖析了大数据的基本概念，并对大数据处理的基本框架进行了详细阐述，就云计算技术在数据管理上的应用进行了分析。严霄凤等（2013）在国外学者研究成果的基础之上，介绍了大数据领域的关键技术，并对大数据为经济、社会等带来的机遇和挑战进行了详细说明。

随着数据量的膨胀以及数据深度分析需求的增长等带来的挑战，大数据技术需要不断改进与优化。国内对大数据相关技术和算法的研究主要集中在近几年。刘义等（2013）针对大规模空间数据的高性能k-近邻连接算法，研究了MapReduce框架下基于R-树的k-近邻连接算法。肖强等（2013）从相似度和预测偏好2个方面对传统协同过滤算法进行了改进。薛永坚等（2014）针对大规模数据集下的流形学习降维问题，提出了基于MapReduce的分布式流形学习算法。卢小宾等（2015）基于谷歌云计算三大技术，提出海量数据分析流程的优化策略主要涉及存储、访问、并行处理等方面的改进。

虽然我国对大数据应用研究刚刚起步，但是近年来关于这方面的研究一直处于增长态势。相关研究主要集中于大数据在医疗、零售、金融、物流等特定行业的应用、中小型企业大数据应用，公共管理大数据应用等。陈美等（2012）阐述了在解决公共交通问题上，大数据所具有的优势以及可予以实施的措施。冯芷艳等（2013）指出，大数据会对企业的生产管理和运营决策等方面带来机遇和挑战，并给出了社会化的价值创造、网络化运作以及实时化洞察3个研究视角。李文莲等（2013）提出大数据驱动商业模式创新的三维视角，并根据资源基础理论、价值链理论、交易成本理论等，从不同层面剖析不同维度的不同驱动原理。姜锋等（2014）对大数据相关的行业应用进行了说明，主要包括大数据在医疗卫生、食品安全、教育、智慧交通、公共安全等行业中的应用。

2. 大数据能力的研究现状

通过回顾国内仅有的少数关于大数据能力的文献可以发现，研究内容主要集中在大数据能力的概念、构成维度、培育机制等方面。程刚等（2014）结合大数据的特点和价值、企业大数据活动的过程，最先对大数据能力进行界定，认为大数据能力是企业在开发、管理和利用大数据过程中培育的大数据意识以及收集、存储、分析和使用大数据的能力，并提出了企业提升大数据能力的具体路径和措施。该研究为之后大数据的相关研究提供了新的思路和方向。谢卫红等（2016）将大数据能力界定为企业整合内外部大数据资源，通过深度分析和预测进而适应外部环境变化的能力，并将大数据能力划分为 3 个维度，即资源整合能力、深度分析能力和实时洞察与预测能力，之后通过实证的方式研究了各维度与集团管控之间的关系。吉峰等（2016）认为大数据能力是一个四维度构念，并对大数据能力与供应链柔性以及互联网化转型之间的作用机制进行了研究。谢振东等（2017）将大数据能力定义为在大数据思维的指导下，结合企业自身的经营特点和战略，依托大数据人才、利用大数据技术开展与企业有关的经营分析、产品服务创新、业务拓展等，发挥大数据对企业活动过程的价值，从而提升企业竞争力，之后对大数据能力的构建和培育机制进行了分析与研究。樊博等（2017）对政府大数据能力进行了研究，并将其划分为数据共享、数据监管、数据公开、数据再利用，认为这 4 个要素能够涵盖政府后台产生、管理、提供数据的动态过程。

3. 学习导向的研究现状

国内有一些学者将组织学习与学习导向看作是类似概念或者同一概念，并不进行区分。本研究认为，这两者是不同的，组织学习是企业的一种组织活动，而学习导向是一种影响组织活动的价值倾向，属于组织特性范畴。在本研究检索的文献内，发现目前国内关于学习导向的专门研究还比较少，且相关研究主要集中在学习导向与企业创新或者创新绩效之间关系的方向，而关于学习导向的内涵及测量主要借鉴国外成熟的研究。例如，谢洪明等（2007）选取 196 个样本对学习导向、知识整合、技术创新和管理创新之间关系及作用机制进行实证研究，结果显示学习导向对技术创新及管理创新有促进作用。蒋天颖等（2009）基于江苏、浙江、上海三省（市）163 家有效样本企业检验学习导向、知识整合与组织创新绩效等变量之间的相互影响机制，实证分析结果验证了学习导向与知识整合及创新绩效之间的正相关关系。葛晓永等（2016）的研究结果表明，学习导向与企业创新绩效之间存在正向影响关系。

4. 商业模式创新路径的研究现状

关于商业模式创新路径的研究，国内一些学者从商业模式组成要素创新、价值链创新等视角来研究，这些视角多侧重于理论剖析。而近年来，越来越多的国内学者选择以企业界成功的商业模式创新实践为案例，通过运用相关理论和方法对企业具体的运营环节展开分析，提炼、总结出企业商业模式创新路径的成功实践。这些研究大多将企业分为不同类型进行研究，认为不同类型企业其商业模式创新路径不尽相同。李文莲（2013）参考 Osterwalder 等提出的 9 要素模型，认为商业模式创新作为企业创新的一种，实际上也是对差异化的追求，这种差异化可能源于 9 个要素中的任何一个，但最终都要通过 9 个要素的系统化再设计形成一种整体结构性差异，即商业模式创新。高闯（2006）基于价值链理论来解释企业如何运用其在产业价值链上的变动以及自身价值活动的创新来实现商业模式的创新。赵绘存等（2014）基于商业模式构成要素和价值链视角，同时结合中小企业板企业案例，对中小企业商业模式路径进行了研究。刘建刚等（2016）以“滴滴出行”为例，利用扎根理论对“滴滴出行”的商业模式创新路径进行研究，得出“滴滴出行”商业模式创新包括的 5 个核心范畴，并基于这 5 个方面提出“互联网 +”环境下企业商业模式创新路径的对策和建议。赵黎明等（2014）构建了基于产品视角的商业模式创新路径，并以一家消费电子企业为案例进行研究，具体分析产品创新与商业模式创新的协同过程。

近几年，国内也出现了关于商业模式创新路径影响因素的研究。郭毅夫等（2012）通过实证研究得出结论；外在因素中的资本市场、消费者需求对商业模式转型具有正向影响作用；内在因素中的组织学习能力对商业模式转型具有正向影响作用。曾萍等（2014）基于内外因素整合视角提出社会资本、企业治理结构、技术创新能力对于企业商业模式创新路径具有正向影响的假设，并通过实证研究验证了这一假设。冯雪飞等（2015）运用多案例研究方法，发现创新文化能够驱动企业商业模式创新过程中顾客价值主张的形成，高层管理者是这一过程中的支撑条件，企业的驱动市场导向是其中的关键步骤。庞长伟等（2015）的实证研究表明，整合能力通过提高组织变革与价值创造效率来促进商业模式创新。曾萍等（2016）通过实证研究发现，动态能力作为企业资源基础在动态环境的具体呈现，会在政府支持推进企业商业模式创新的过程中起到中介作用。

5. 基于大数据的商业模式创新研究

国内学者基于大数据的商业模式创新研究刚刚开始，通过对 CNKI 的文献检索，发现有关大数据的商业模式创新的文章在 2013 年才开始出现。李文莲等（2013）提出了大数据驱动商业模式创新的三维度视角，分别是大数据的工具化运用、大数据产业链的形成以及基于大数据的跨界与融合，并就驱动原理进行了理论上的推演。刘丹等（2014）将商业模式创新分为价值发现、价值创造及价值实现 3 个阶段，分析了大数据对商业模式创新各个阶段的直接影响以及以 IT 能力为中介变量的间接影响，进而构建了基于大数据商业模式创新的概念模型，并且结合案例对此模型进行了说明。李艳玲（2014）认为，大数据会给企业带来新的商业机会，通过分析、处理数据，能够发现数据的价值，实现业务创新和流程创新，以此驱动商业模式的创新。荆浩等（2014）以商业模式创新目标和机制为基点，分析了大数据时代商业模式创新框架以及构成要素和结构的变革。金珺等（2015）提出，大数据时代下商业模式 5 要素框架，并通过案例研究的方式探索制造型企业如何利用大数据并结合企业特点进行商业模式的创新与设计。

三、对国内外研究现状的评述

目前，虽然关于大数据的概念及特征在学术界还未形成公认的准确定义，但基本达成了一定的共识，也形成了比较系统的大数据基本理论。大数据相关技术和应用虽然已经取得了一定的成果，但是对大数据技术和应用的研究不应该止步于此，仍然有许多需要探索之处。例如，大数据安全、隐私保护问题，数据快速增长所带来的数据存储和能耗问题，通过大样本实证分析的方式验证大数据对创新、运营管理等的影响，还有一些未知的领域有待探索。与此同时，与国外发达国家相比，中国国内大数据的研究和应用还处在起步和开拓阶段，可以发展与推进的空间还很大，如何高效地处理和利用大数据仍需要不断地探索发现。

国外学者于 20 世纪末开始研究学习导向，国外关于学习导向的内涵及测量研究已经比较成熟，而且被国内学者在之后的研究中引进和采用。近几年，国外关于学习导向的研究，主要集中在学习导向与企业创新或员工创造力等方面的关系研究。国内关于学习导向的研究相对来说比较少，主要集中在学习导向与企业创新、企业能力（例如，知识整合能力、动态能力等）、与企业绩效之间关系的研究，并未形成系统的理论。学习导向作为组织学习文化的一种表征，体现了企业对于新知识、新理念所持有的态度和价值观，表明了企业是否勇于以一种批判的眼光看待传统惯例和事物，在知识和信息更新流动加快的大数据时代显得尤为重要。因此，国内学者对学习导向的研究需要加强，从而为企业参与市场竞争、提高竞争力提供相关的理论指导和依据。

近年来，科技的进步为经济社会的发展带来了机遇和挑战，一些企业凭借商业模式创新取得了巨大的成功，商业模式受到企业界和学术界越来越密切的关注，但是仍然缺乏结合时代特征的商业模式创新研究，比如将大数据、云计算等与商业模式创新相结合进行研究或者结合时代背景对不同类型企业的成功商业模式创新进行剖析和研究。目前，在商业模式创新的研究中，学者们主要关注商业模式创新路径研究、商业模式创新实施和演变过程研究以及商业模式创新影响因素研究等。

第四节 研究内容与技术路线

一、研究内容

本研究基于大数据的时代背景，构建了学习导向、大数据能力以及商业模式创新之间的关系模型，并以绿色食品企业为例进行实证研究，从而探索大数据时代下，绿色食品企业商业模式创新的影响因素，具体结构安排如下：

第一章绪论，主要论述了本研究的研究背景、研究目的和研究意义、国内外研究现状（包括大数据、大数据能力、学习导向、商业模式创新等的研究现状），并提出了研究的内容、方法以及本研究的研究框架。

第二章是相关理论部分。这一章在阅读和梳理国内外大量有关文献的基础上，对与本研究相关的一些理论进行了较为系统的阐述。包括大数据相关理论、学习导向理论、动态能力理论、商业模式及其创新理论等，具体涉及的内容有大数据能力的概念界定及维度划分、学习导向的概念及构成维度、商业模式创新的概念。

第三章是大数据对企业商业模式创新的影响机理分析。这一章基于商业模式的三维度构成体系，构建了绿色食品企业基于大数据的商业模式创新分析框架，对大数据如何影响绿色食品企业商业模式创新的内在机理进行了研究。在此基础上，该章构建了绿色食品企业基于大数据的商业模式创新的内容机制和要素体系。

第四章是基于大数据的绿色食品企业商业模式创新实证研究。在基于动态能力理论、大数据相关理论和实践等提出了本研究理论模型的基础上，通过理论分析和逻辑推演，提出了学习导向、大数据能力与商业模式创新相互之间的关系假设，以及大数据能力在学习导向与商业模式创新之间的中介效应假设。并基于实证数据，对样本数据进行统计分析和结构方程分析，从而对本研究所提出的各个关系假设进行检验，进行讨论与分析，得出研究结论。

第五章是黑龙江省绿色食品发展现状及基于大数据的商业模式创新对策建议。本章基于前述的理论基础和实证结果，专门针对黑龙江省的绿色食品企业如何基于大数据进行商业模式创新展开研究。在回顾黑龙江省绿色食品产业发展历程的基础上，针对黑龙江省绿色食品产业发展过程中存在的问题以及大数据时代下，黑龙江省绿色食品企业商业模式创新面临的机遇和挑战，提出黑龙江省绿色食品企业商业模式创新的对策与建议。

第六章是结论与展望部分。这一章主要基于本研究假设检验结果概述得出的结论，并根据实证检验结果和理论框架指出本研究存在的局限性以及今后有待进一步研究的方向。

二、技术路线

本研究遵循科学的理论研究和实证研究技术路线。首先，充分研读国内外相关文献，对大数据、大数据能力、学习导向、商业模式创新等进行研究综述及现状分析，确定学习导向和商业模式创新的概念和测量模型。同时，基于动态能力理论、大数据相关理论和实践构建大数据能力的概念模型及测量模型。其次，运用理论分析与逻辑推演建立学习导向、大数据能力以及商业模式创新之间的理论模型，并提出相关假设。再次，进行变量的操作性定义、问卷的开发与设计、问卷的发放与回收，并针对所收集的数据进行描述性统计分析、信度效度检验以及结构方程模型分析，基于此对本研究涉及的研究假设进行检验与分析，并对实证检验结果进行总结、讨论与提炼。最后，概述本研究得到的研究结论，提出在大数据时代背景下企业提升商业模式创新能力的针对性建议，指出本研究存在的不足并对未来研究进行了展望。

本研究的技术路线如图 1－1 所示。

国内外相关文献的研读与梳理
研究问题的提出
相关理论的综述
大数据相关理论
动态能力理论
学习导向理论
商业模式创新理论
整体模型构建及假设推演
变量的操作性定义及问卷的开发与设计
问卷的发放与收集
模型构建
实证研究设计
数据分析与假设检验
描述性统计分析
信度效度检验
结构方程模型分析
对检验结果的总结、分析与讨论
模型检验
对大数据背景下提升黑龙江省绿色食品企业
商业模式创新提出相应的对策与建议

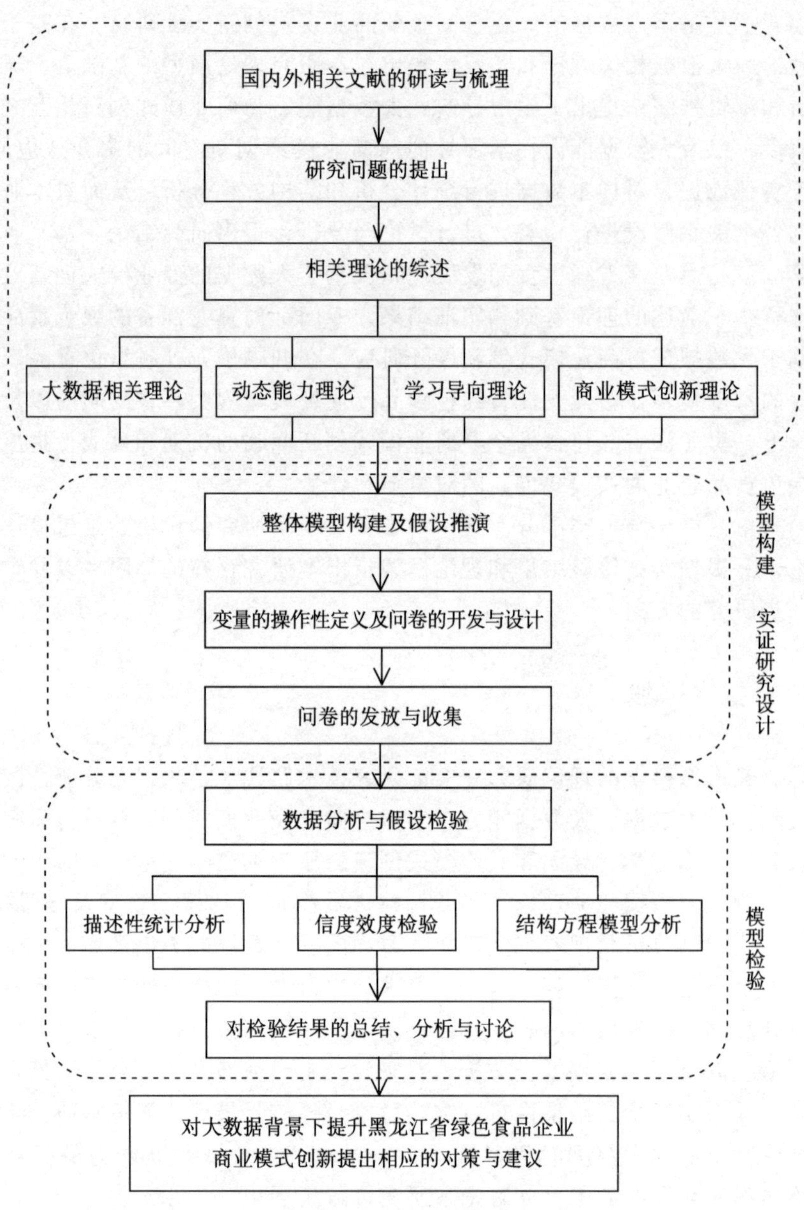

图 1 - 1 研究技术路线

第五节 研究方法

一、文献研究法

通过查阅和研究大数据、学习导向、商业模式创新以及动态能力等领域的国内外相关文献，对相关概念及变量关系进行梳理。结合动态能力理论及大数据相关理论和实践对大数据能力进行概念的界定及维度的划分，从而对大数据背景下商业模式创新的影响因素进行探索和研究，构建相应的理论模型和研究假设。

二、问卷调查法

通过研读国内外相关文献和资料，设计测量变量对应的题项并形成初始调查问卷。而后结合有关专家的意见和预调研的结果进行修改与完善，形成正式的调查问卷。以绿色食品企业为调查对象，对其在职人员进行实地和网络形式的问卷发放，获得一手数据，帮助提高后续实证分析的科学性。

三、实证分析方法

应用统计分析软件 SPSS 以及结构方程软件 Amos 对问卷调查所获得的一手数据进行处理及分析，从而检验本研究提出的理论模型和关系假设是否成立。在得出研究结论后，提出绿色食品企业提升商业模式创新能力的对策与建议。

第六节 研究创新点

大数据为企业生产经营、社会公共管理等带来了一种新的资源，提供了新的工具，引起了技术环境的变革。近年来，大数据已经为经济社会发展做出了巨大贡献，且仍然蕴藏着巨大的商业价值，有待开发和挖掘。大数据已经成为商业模式创新的驱动力之一，并受到政府、学者和企业的高度重视。因此，本研究试图对大数据背景下企业进行商业模式创新的影响因素进行探索和研究。具体来说，构建了学习导向、大数据能力和商业模式创新之间的理论模型，并利用实证研究的方式对其进行检验，希望能够为大数据时代下企业提升商业模式创新能力提出有价值的对策和建议。本研究具有的创新点如下：

第一，虽然现有的关于大数据的研究已经较为丰富，但大部分局限于数据资源本身，而在能力层面对大数据进行研究的学者比较少。本研究基于动态能力理论、大数据相关理论和实践等对大数据能力进行了概念定义和维度的划分，并设计了相应的测量量表对大数据能力的 3 个维度（数据感知识别能力、数据整合能力、深度分析与洞察能力）进行测量。对大数据能力的探索性研究丰富了大数据和动态能力等领域的相关理论研究。

第二，虽然学术界出现了一些关于大数据与商业模式创新的相关研究，但大多数是通过理论推演的方式说明大数据对商业模式创新的驱动和影响作用，而且并未将大数据具体化为能力。本研究建立了大数据能力与商业模式创新之间的关系假设，并通过实证分析的方式对该假设进行检验，使得本研究不仅有理论上的依据，还得到实证数据的支持，为后续大数据相关研究提供了新的思路。

第三，学习导向作为企业文化和价值观层面的概念，本研究将其引入大数据能力与商业模式创新的研究模型中，构建了学习导向、大数据能力以及商业模式创新三者之间的理论模型，并通过 217 份绿色食品企业的有效样本，以实证研究的方式探索三者之间的交互影响关系。以往的研究主要集中在学习导向与动态能力、企业创新、企业绩效等之间关系，并未将学习导向与商业模式创新整合到一起开展研究，而本研究基于大数据的时代背景，将大数据能力也纳入研究模型中。因此，本研究所提出的理论模型具有一定的创新性，为学习导向、大数据、商业模式创新等领域的研究提供了新的视角，能够帮助绿色食品企业在大数据背景下提升商业模式创新能力，找到切入点和创新的具体路径。

第二章 相关理论

第一节 大数据相关理论

一、大数据的概念及特征

大数据研究机构 Gartner 将大数据定义为高容量、高生成速率、种类繁多的信息集合，通过运用新的方式对这些有价值的信息进行处理与分析可以辅助我们做出判断与决策、提高洞察力，这一定义较全面地描述了大数据的特征。之后关于大数据的界定很多都是基于此进行调整或修改的，但大数据的本质特征仍然没有发生改变。例如，李国杰等（2012）提出大数据是无法在可接受的时间内用传统的信息技术和软硬件工具对其进行感知、获取、管理和处理的数据集合。Tien（2013）将大数据描述为“不受束缚”的信息，需要运用大数据时代特有的技术和方法来对其进行采集、存储和分析。冯芷艳等（2013）认为，与传统海量数据相比，大数据的特征主要体现在其数据体量、复杂性和产生速度均远超于传统的数据形态因而也超出了原有技术手段的处理能力，而且还带来了创新的机会。Gartner 给出的大数据定义得到许多企业家和学者的引用与借鉴，之后大部分的大数据研究都是基于这一认识展开的。此外，当前企业界和学术界基本认同大数据的 4V 特征，即数据规模大（Volume）、数据类型多样化（Variety）、数据要求处理速度快（Velocity）、数据价值密度低（Value）。正是这些特征使得大数据区别于传统的数据概念。

二、大数据的价值及影响

近年来，国内外出现了很多关于大数据的价值及影响的相关研究，并形成了较为系统的理论。首先，大数据作为一项重要资源已经基本得到企业界和学术界的认同。McAfee 等（2012）在其研究中阐述了数据对于企业的重要性，并将数据喻为企业的核心资产。张引等（2013）认为数据的重要性和地位可以和传统生产要素相媲美。荆浩（2014）提到掌握了大数据就掌握了资源。其次，大数据作为一种新的资源会对生产运营管理、社会公共管理等经济社会发展的各个方面产生影响。Bughin 等（2011）说明了大数据的价值和潜力，认为大数据会带来管理规则和经营模式的改变，从而为企业带来竞争优势。Boyd 等（2012）从文化、技术、学术现象等方面说明大数据所带来的影响和意义。Christina 等（2013）认为大数据具有创造性破坏商业模式的潜能。冯芷艳等（2013）在其研究中提到大数据会对企业的产品优化与创新、生产运作模式、市场洞察、营销决策等产生巨大影响。荆浩等（2014）认为大数据具有提高产品和服务增加值、优化企业运营流程、帮助企业在客户细分、市场定位等方面创造优势，使企业更准确地进行预测和决策，通过对大数据的有效开发，推进企业不断演化与发展。Wang 等（2015）提到大数据最重要的应用之一就是新知识的创造、新管理规则的产生以及建立在大数据之上的新经济。方巍等（2014）在其研究中提到大数据将给各行各业带来变革性机会，并就目前大数据在电子政务、通信、医疗、零售等的应用进行了说明，他认为通过大数据的采集、存储、挖掘与分析，大数据在营销领域、行业管理、情报分析与决策等领域将大有作为。Wang 等（2016）认为，大数据可以帮助发现事物独特的另一面，预测市场趋势、客户购买模式和设备维护周期等，并且可以探索出降低成本的方法，减少商业决策和活动的不确定性。他在研究中强调了大数据商业分析在物流与供应链管理上的重要性。

第二节 学习导向理论

一、学习导向的概念

March 和 Simon（1958）最早提出组织学习的概念，之后 Senge（1990）提出了学习型组织的概念。伴随经济社会的快速发展，建设学习型组织成为企业尤其是知识密集型企业的一项重要目标和任务。随着研究的深入，学习导向逐渐成为学术界的热点课题。学习导向作为一种组织特性，代表了组织内部的一整套价值观，会影响企业对待既有行为准则与惯例的态度以及接受、利用新知识的意愿和倾向，关于学习导向的这一基本认识已得到大多数学者的认同。

Dweck（1986）认为学习导向是指组织内部有利于组织学习的价值观、文化氛围、政策措施及战略方向。Sinkula 等（1997）基于相关研究，认为学习导向是一个文化层面的概念，反映组织的价值观，影响企业知识创造与利用的倾向。Hult 和 Hurley（1998）在其研究中提到学习导向是一种组织文化，是接受革新文化的一种文化氛围，是影响组织创新的组织特性。Hult 和 Ferrell（1997）认为学习导向是组织学习的重要方面，能够促进企业内部和外部的知识共享。Baker 和 Sinkula（1999）提出，学习导向是组织的一整套的价值观，表现为组织鼓励员工以批判的眼光质疑公司既有的准则和价值观，帮助组织确立开放创新的理念和文化，组织中的知识和信息的获取、共享以及解释会受到学习导向文化的影响。之后，有关学习导向的很多研究都是在 Baker 和 Sinkula 的基础之上进行的。Roger 等（2002）指出学习导向是指通过对知识的使用和创造来强化竞争优势的组织层面的行为，包括获得、共享与讨论顾客需求、市场变化信息、竞争者行为以及新技术和新产品的有关信息，信息的收集、解释、评价和分享都会受到学习导向的影响。Kevin 等（2002）认为学习导向是和高层次学习相关联的一种组织特性，如双环和前摄的学习。这种形式的学习会引起深层次组织行为的规范或者带来心智模式的变化。康青松（2015）提出学习导向是组织学习的先行因素，学习投入和组织开放共同组成企业的学习导向，学习导向有利于企业明确学习目标和意图，塑造开放性文化，从而提高知识和信息的获取及应用能力，提高对市场变化的敏感性和洞察力等。

本研究采用 Baker 和 Sinkula 关于学习导向的界定，认为学习导向是组织内部一种鼓励学习和创新的价值观，会影响组织吸收、转化和使用知识的倾向，表现为企业对既有假设和规则的质疑，对新知识和新事物所持有的开放性态度，从而推进企业资源的有效配置与整合、实现组织的可持续性发展。

二、学习导向的衡量

为了更加透彻、全面地了解学习导向，学者们开始对学习导向进行维度的划分以及衡量，通过量化的方式对学习导向进行研究。Baker 和 Sinkula (1999) 最先对学习导向进行测量，将学习导向分为 3 个子维度，即学习承诺、共享愿景以及开放心智。其中，学习承诺是指企业将学习视为组织的基本价值观，不断地进行新知识的获取、吸收与共享；共享愿景是指企业的管理者能够与员工分享、谈论企业的愿景或未来规划，培育员工的使命感和责任感，使他们能够致力于公司的经营管理与发展；开放心智是指企业不局限现有的思维方式，能够突破传统进行创造性思考，密切关注并勇于接受新事物和新理念。两位学者还开发了相应的测量量表对这 3 个维度进行衡量，这 3 个维度及测量量表被之后的很多研究所借鉴和引用。Calantone 等（2002）认为学习导向会影响企业创新活动以及知识应用从而帮助企业保持竞争优势，并将学习导向划分为学习的承诺、共享愿景、开放心智和知识分享 4 个维度。谢洪明等 (2007) 在 Baker 和 Sinkula 提出的学习导向 3 个维度之上加入了社会化能力这个维度。

对相关文献进行梳理可以发现，学术界目前基本认同学习导向的 3 个核心维度是由 Baker 和 Sinkula 提出的学习承诺、共享愿景以及开放心智，许多关于学习导向的研究都采用此测量方式。因此，本研究借鉴 Baker 与 Sinkula 的研究，从学习承诺、共享愿景以及开放心智 3 个维度对企业的学习导向进行衡量。

第三节 动态能力理论

一、动态能力的概念

20 世纪末，Teece 和 Pisano 在《产业与公司变革》上发表了《企业动态能力：导言》，该文为现代企业的价值创造及价值获取研究带来了一种新视角，具有开拓性意义。1997 年，Teece 在《动态能力与战略管理》一文中，对动态能力理论进行了更加系统的阐述，对后续动态能力研究产生了深刻的影响。自此，动态能力一直受到学者们的关注，相关研究主要集中在对动态能力的概念、特征、维度及其前因变量和结果变量的方向。关于动态能力的界定，Teece（1997）认为动态能力是企业通过构建、整合和更新企业内外部资源与能力，从而帮助企业适应环境变化的一种能力。Winter（2003）将动态能力理解为一种高阶能力，它能够拓展、更新或创造常规能力，帮助获取或保护企业独特的资源。Wang C. L. 等（2004）提出动态能力是一种行为导向型能力，动态能力的实质在于强调企业应不断地重构、再配置以及更新企业的资源和能力。Zahra 等（2006）在其研究中将动态能力界定为企业的决策者使用恰当的方式重新配置企业资源或惯例的能力。曹红军等（2008）通过对相关文献的回顾和梳理认为动态能力是企业适应外部环境的一种能力，企业在环境变化所传递的信息的指引下，通过动态地更新和释放资源，协调、整合内外部关系和资源来应对环境的变化。

二、动态能力的维度划分

由于动态能力的抽象性或难以检验性，使得对其开展多维度划分成为深入量化研究的基础，以帮助更进一步理解动态能力。Teece 等（1997）提出动态能力由整合能力、构建能力和重构能力 3 个方面构成，并对动态能力进行了更为详细地诠释和阐述。Teece 等（2007）将动态能力划分为感知机会与威胁的能力、捕捉机会的能力，以及增强、保护、整合和重构企业显性或隐性资产以保持竞争力的能力。Wang 和 Ahmed（2002）认为，动态能力可以从学习能力、适应能力以及创新能力 3 个维度进行衡量。贺小刚等（2006）在其研究中从市场潜力、组织柔性、组织学习、战略隔绝和组织变革 5 个方面来对动态能力进行测量。Wu 等（2007）认为动态能力由资源整合能力、资源配置能力、学习能力以及应对市场变化的能力。罗珉等（2009）认为动态能力的构成要素包括市场导向的感知能力、组织学习的吸收能力、社会网络的关系能力以及协调整合能力 4 个要素。董保宝等（2011）依据企业能力提升和改进所需进行的企业内外部行为，将动态能力划分为 5 个维度，包括环境适应能力、资源整合能力、变革能力、组织学习能力和战略阻隔机制。

三、动态能力视角下的大数据能力

与传统海量数据相比，大数据在数据体量、复杂性和产生速度方面均远超于传统的数据形态，因而对大数据的应用也超出了原有技术手段的处理能力，并且具备了变革原有商业模式的机会和潜能。在此背景下，大数据及其自身在促进企业创新、推进企业跃升发展中的价值得到了学者们的高度重视和肯定，对大数据与企业创新（尤其是商业模式创新关系）的研究成果，近年来也呈现出快速发展的态势。然而对大数据能力的研究才刚刚开始。La 等（2011）在其研究中最早提到了数据筛选、整理、分析、应用能力，但并没有对大数据能力的边界进行明确的界定。Hurwitz（2013）首次对大数据能力的内涵进行了清晰的界定，认为大数据能力是企业在应对海量数据的过程中，对数据进行获取、清洗、管理和加工处理的能力。Simon（2013）从数据洞察和预测的角度对大数据能力进行了界定，认为大数据能力是企业在管理顾客服务过程中提供一些传统信息系统无法实现的便利的一种能力，并且企业可以基于顾客行为的大数据，借助相关分析软件对顾客的消费行为进行预测，进而展开针对性的信息推送和营销推广。Chen 和 Preston（2015）指出，大数据能力是一种将数据转化成洞察和智能的能力，可以激发洞察力和知识创新，并增强组织战略性决策制定能力。我国学者程刚和李敏（2014）首先提出了大数据能力的概念，指出大数据能力是企业在大数据开发、管理和利用过程中，呈现的大数据意识。例如，收集、存储、加工（挖掘和分析）、传递和使用大数据的能力。其中，数据挖掘分析是大数据的核心能力。在此基础上，谢卫红等（2016）综合国内外研究成果，将大数据能力界定为企业整合内外部大数据资源，通过深度分析、预测、适应外部环境变化的能力，具体包括资源整合能力、深度分析能力和实时洞察与预测能力 3 个维度。

本研究基于大数据、动态能力等领域的理论和相关实践，对大数据能力进行了概念的界定和维度的划分。本研究认为，大数据能力是指企业对大数据相关资源（数据资源、大数据基础设施、大数据技术、大数据人才）进行识别、获取、整合并加以利用，以支持和满足各类业务需求，从而帮助适应动态环境的能力。与此同时，根据大数据的特征以及大数据从被识别到被运用的整个活动过程将大数据能力划分为 3 个维度，即数据感知识别能力、数据整合能力以及深度分析与洞察能力。数据感知识别能力，是指企业内部通过组织对大数据基本理论及应用实践的广泛讨论，从而形成的对大数据相关资源的价值及其发展趋势的快速辨识能力；数据整合能力，是指企业持续获取、整合、配置以及更新大数据相关资源的能力；深度分析与洞察能力，是指企业对海量数据进行深度分析和挖掘从中提取有价值的信息，并通过可视化技术将信息进行动态化、交互式的展示从而获得新洞见、新机会的能力。因此，本研究认为在大数据时代下，将大数据作为一种重要资源，并基于此进行商业模式创新的过程中，企业大数据能力是影响其成败的重要因素。

第四节 商业模式创新理论

在深入研究商业模式创新的有关问题之前，必须先清楚理解商业模式的概念和构成要素等，这有利于提高商业模式创新有关研究课题的科学性和系统性。

一、商业模式的概念

商业模式是一个复杂的概念，学者们基于所研究的视角和自身的理论背景，形成了对商业模式的不同认识。目前，学术界关于商业模式的概念并未达成一致。关于商业模式概念的界定大致可以分为以下4类，即运营视角、财务视角、战略视角以及系统视角。从运营视角界定商业模式的学者，认为商业模式应该强调企业在价值创造和价值传递过程中的各种活动流程与组织设计，以及企业与其他活动参与者之间关系的管理。Mahadevan等（2000）提出商业模式是企业与客户、合作伙伴之间的价值流、收入流以及物流的一种特定组织方式。Amit等（2001）认为，商业模式是对公司、供应商以及客户等利益体之间交易和运作方式的描述，强调能使交易得以顺畅进行的产品、资源、参与者结构以及交易机制。Magretta（2002）认为商业模式是对企业如何运转的一种描述和归纳。从财务视角界定商业模式的学者，认为商业模式的实质是说明企业获取利润的机制和逻辑。Stewart等（2000）认为商业模式阐述了企业获得并保持其收益流的经营逻辑。Huizingh等（2002）认为商业模式是企业构造成本和收入流的方式，它决定着企业的生存与发展。从战略视角界定商业模式定义侧重对企业战略定位的考量。Rappa（2001）认为应该把价值主张当作商业模式的一个重要的组成要素。Chesbrough等（2002）也指出，商业模式应该向目标顾客表明价值主张，这是进行技术商业化必须要解决的问题。随着研究的深入，一些学者发现单一视角并不能完整、清晰地描述商业模式这个复杂抽象的概念，商业模式应该能够系统说明企业整体经营逻辑和运行机制，从而揭示企业持续发展与生存的本质。Timmers（1998）定义商业模式是一个涵盖了诸多内容和要素的复杂系统概念。Zott 等（2011）认为商业模式应该在系统层面整体说明与解释企业如何开展业务的问题。Osterwalder（2005）认为商业模式是一种建立在多种构成要素及其关系之上，用以表明企业商业逻辑的概念工具，如可用来说明企业如何通过创造顾客价值、建立内部结构以及与相关利益体形成网络关系来进行市场的开发、价值的传递以及构建关系资本和获取利润。当前系统视角的商业模式定义逐渐成为研究的主流，被很多学者所认可和引用。

二、商业模式的构成要素

商业模式作为系统说明企业业务逻辑的整体概念性工具，其内部包含诸多要素以及要素之间的交互关系。目前，学术界并未形成对商业模式概念的统一认识，使得对商业模式构成要素的看法也有所不同，但仍然出现了一些具有代表性和影响力的关于商业模式构成要素的研究。例如，Betz（2002）认为商业模式构成要素包括资源、销售、利润及资产。Timmers（1998）对商业模式进行深入探究后将其分解为信息流结构、参与主体的利益以及收入来源 3 个组成部分。Hamel（2000）把商业模式分为顾客、战略、资源和价值网络 4 个部分，每个部分都包含特定的子要素，而且各部分之间又存在某种连接关系，由此形成一个复杂的要素模型。Osterwalder（2005）提出商业模式包括核心能力与资源、目标顾客、价值主张、合作关系、成本结构和收入模式等要素，并基于这些要素构建了 1 个商业模式九要素模型。Johnson 等（2010）指出商业模式主要包括 4 个要素，即价值主张、关键资源、流程以及盈利模式，并形成了 1 个四要素模型。

三、商业模式创新的内涵

随着学术界对商业模式内涵及构成要素认识的加深以及企业界成功商业模式创新实践的出现，学者们逐渐将注意力转移到商业模式创新的研究。Siggelkow（2002）认为，商业模式创新是指扩大、巩固、缩减商业行为或活动，当调整达到一定限度，就会演化成为商业模式创新。Gieesen 等（2007）在其研究中指出商业模式创新包括产业模式创新、收入模式创新以及组织模式创新 3 个部分。Zott 和 Amit（2010）认为，商业模式创新就是企业通过改变其现有资源体系和合作伙伴形成新的运营系统或者对现有运营系统进行改进，并进一步提出商业模式创新是企业跨越传统产权边界，从本质上改变与客户、消费者、供应商和其他利益体开展交易的方式。Casadesus - Masanell 和 Ricart（2010）认为，商业模式创新是企业通过设计或创造新的行为逻辑，基于此进行价值的创造与传递，而且主要侧重于探索新的收入模式和对价值主张的定义。荆浩等（2011）认为，商业模式创新是企业价值创造逻辑的改变，把新的商业模式纳入到生产体系，从而为客户创造价值，企业也得以从中获取价值。李文莲等（2013）指出，商业模式创新是企业在对顾客价值主张进行再识别或重新定义的基础上，对企业资源、流程、组织结构和价值网络的重新设计，可以包括价值主张创新、价值创造与传递模式创新、收益模式创新等一个或几个方面的变革，最终通过各个部分的系统化再设计表现为一种整体上的结构性差异。其中，价值主张描述了企业如何满足消费者或客户的某项重要需求；价值创造与传递是企业构建、调整与合作伙伴之间的关系，并把各主体的资源转化为顾客价值进而传递给顾客的过程；收益模式则表明企业如何从产出中获取一定收益，这是企业得以生存发展的基础和保障。

从这些理论研究中可以看出，商业模式创新是企业对经营逻辑进行系统性、全局性再思考，从而遵循新的行为准则和方式进行价值的创造与传递。这一过程涉及日标顾客、产品和服务、核心资源、活动流程、价值网络、收益模式等商业模式核心构成要素的变革与创新。

四、商业模式创新路径相关理论

关于商业模式创新路径的研究主要有 2 种研究视角。第一种是从商业模式组成要素创新或者要素间关系改变的视角来研究商业模式创新路径。例如，Weill 等（2001）强调了要素间关系发生改变对于商业模式创新的重要性，并提到了原子商业模式这一新概念，通过改变原子商业模式的组合方式就可产生商业模式的创新。Lindgardt 等（2009）抽象出商业模式的 2 个顶层要素：价值定位和运作模式。同时，他对其所包含的子要素进行了阐述，认为企业可以从这些子要素着手开展商业模式创新。第二种是从价值链视角来研究商业模式创新。例如，Magretta（2002）认为，新的商业模式是隐藏在商业活动下价值链上的变量的创新。例如，产品或服务的创新等。高闯（2006）以价值链理论为基础，来解释企业如何运用其在产业价值链上的变动以及价值活动的创新来形成商业模式的创新。王琴（2011）基于更广泛的价值生态系统视角，以网络重构为出发点，分析了 5 种不同的商业模式创新路径。

第三章
大数据对绿色食品企业商业模式创新的影响机理

第一节 基于大数据的商业模式创新分析框架

作为经济社会发展的主体之一，企业需要知道应该如何利用大数据创新自身的商业模式？大数据是如何影响商业模式的变革与创新？对这些问题的探讨有助于提高企业的商业模式创新能力，将大数据更好地融入企业运营管理的具体实践中。

目前，大数据的潜力及其对商业模式转型与创新的影响已被学术界所认可，也出现了一些关于大数据和商业模式创新的理论研究。例如，Hartmann等（2016）对由数据驱动的初创企业的商业模式进行研究，并进行了相应的分类，通过提出一个框架来系统分析数据驱动的商业模式（DDBMs）。但是关于大数据是如何影响商业模式创新的研究还较少，且多侧重于说明大数据对商业模式创新的外在影响，缺乏更深层次问题的研究。

张敬伟等（2010）提出了价值三角形模型，即价值的定义、价值的创造和传递以及价值的获取，认为通过这个模型可以较为完整、透彻地理解商业模式的基本内涵。魏江等（2012）提出了一个包含价值主张、价值创造和价值获取等子过程的商业模式一般性框架，并认为这个框架具有系统性和动态性特征。企业的经营管理始于发现一个独特的客户价值主张，为了客户价值的提供与实现，企业必须借助于相应资源能力及价值网络等进行产品或服务的生产（即价值创造），然后将其传递给目标顾客并从中获取一定收益，这描述了企业经营的全过程。商业模式作为系统说明企业商业逻辑的整体概念性工具，应该能够反映出这一过程涉及的关键要素。因此，魏江认为可以抽象出商业模式的3个构成要素，它们分别是：价值主张、价值创造与传递模式以及价值获取模式。

大数据最重要的应用之一就是新知识的创造、新管理规则的产生以及建立在大数据之上的新经济（Wang L等，2015）。以大数据为中心可以派生出多种应用模式，这些应用模式往往能够以一种颠覆现有规则和传统的方式来解决问题，这些应用模式的成功与否体现了企业大数据能力的高低（刘丹等，2014）。Osterwalder（2005）提出企业可以通过改变商业模式体系中的构成要素来开展商业模式创新；Lindgardt等（2009）提出了商业模式2个顶层要素，分别是价值定位和运作模式，还定义了相应的子要素，认为企业在进行商业模式创新时可以选择一个或几个子要素来进行创新。Demil等（2010）和王雪冬等（2013）认为商业模式创新作为一种系统性创新，涉及内部诸多要素之间的互动整合及相互作用，最终引发新的选择和根本性创新。所以在商业模式创新过程中，商业模式内部各要素是相互作用的，且存在某种非线性关系，最终表现为企业层面的系统性、整体性创新，即商业模式创新。这些学者是从商业模式组成要素创新或者要素之间关系变化的角度来研究商业模式创新。

鉴于商业模式顶层构成要素的抽象性和大数据与商业模式创新相关理论成果，本研究参考Osterwalder（2005）提出的商业模式9要素模型等理论进一步细化出商业模式的次级要素。具体来说，Johnson（2008）提出价值主张描述了企业如何满足消费者的某项重要需求，即企业通过什么产品或服务来满足哪些群体的哪些需求，所以目标用户、用户需求、产品或服务可以成为价值主张的主要构成要素。张敬伟等（2010）认为，价值创造与传递是企业创建、协调整合与合作伙伴之间的关系，把各方资源转化为顾客价值进而传递给顾客的过程。因此，价值创造与传递模式包括的核心要素有关键资源、关键业务活动和流程、与营销渠道等合作伙伴及客户之间形成的价值网络。价值获取是企业从产出中取得一定收益的机制或过程，这是企业得以生存发展的基础和保障，所以成本结构和收入模式是价值获取模式的2个构成要素。基于上述对商业模式的顶层要素和大数据的商业模式创新的内在逻辑分析，可以构建一个分析大数据对绿色食品企业商业模式创新影响机理分析框架（如图3－1所示）使用该框架。

第二节 大数据对绿色食品企业商业模式创新的内在影响机理

从上述基于大数据的商业模式创新分析框架可以看出，围绕商业模式的构成维度，大数据对绿色食品企业商业模式创新的内在影响主要体现为商业模式的3个层面：一是从客户精准细分、需求精准挖掘以及产品与服务的针对性、个性化创新方面对价值主张创新产生深刻影响；二是基于价值网络构成的关键资源、关键活动以及渠道与客户关系等要素来对价值创造与传递模式进行重构；三是在成本结构和收入模式上优化和创新企业的价值获取方式，从而提升企业的盈利能力和竞争能力。在上述影响机理中，从价值主张到价值的创造与传递，再到价值获取，完整地表达了企业的经营逻辑。大数据具有变革与创新企业经营中各个环节涉及的任何一个要素的潜力。这些要素的创新与整合最终表现为一种整体上的、绿色食品企业层面的创新，即商业模式创新。而其中任何一个要素的创新与颠覆都可能带来商业模式的局部或者联动创新（如图3－1所示）。

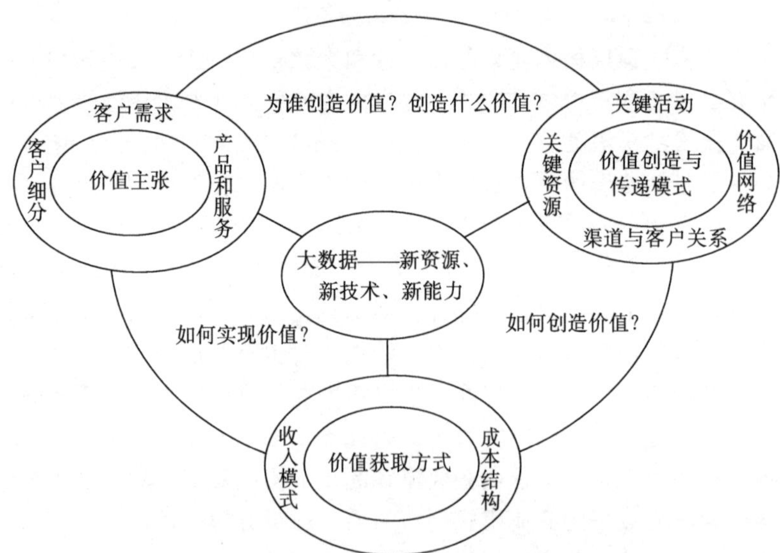

图3－1　基于大数据的商业模式创新分析框架

一、大数据对价值主张创新的影响

在大数据时代，绿色食品企业可以全面收集各种不同渠道产生的内部和外部数据，这些大量的结构化数据和非结构化数据中蕴藏着巨大的价值。通过重整、组合、分析和挖掘这些数据，绿色食品企业可以提取关于消费者、市场环境、社会环境等方面有价值的信息，从而洞察消费者的潜在需求和真实需求，进行消费者精准分类、客户交易分析、市场结构分析、改进产品的研发和生产等。对此，Kambatl 等（2014）认为，数据多样性和大数据分析可以帮助企业获得对事物的独特见解，包括与消费者之间的交易、客户关系、消费者偏好等。

1. 通过大数据分析和挖掘，对消费者进行精准细分、发现新的顾客群体

在大数据时代，绿色食品企业对消费者进行分类的标准不只局限在地理位置和一般人口统计特征。Alexandre 等（2014）指出，绿色食品企业可以获取顾客在各个渠道、生命周期各个阶段的行为数据，随着不同来源和不同格式的信息的增加，使得拥有的数据库超越传统客户档案数据，成为商业、市场、客户和消费者洞察力的研究来源。刘丹等（2014）借助大数据分析和挖掘技术，认为绿色食品企业可以将顾客细分标准抽象化为兴趣、爱好、价值观、生活方式等。消费者异质性特征越来越突出，所以这种更抽象的分类标准能形成更狭小的细分市场，从而针对每位消费者进行精准营销。Jiwat 等（2016）认为，大数据分析可以通过细分人口来更好地满足消费者的实际需求。比如，知乎、今日头条等一些互联网企业，基于自身研究出的强大的算法模型，可以对每个用户的浏览、点击等操作进行抓取和分析，从而对消费者进行精准细分，发现新的顾客，并提供针对于每位用户的内容和服务。

2. 基于行为记录和大数据算法，发现消费者的潜在需求和真实需求

由于消费者的需求具有隐蔽性、易变性和情景依赖性，很多需求消费者自己都不能够清晰描述或没有察觉到，所以通过传统的实地市场调研等方式获取的关于市场状况和消费者的数据，绿色食品企业很难从中得到关于消费者需求的有价值信息，且这些信息通常具有较强的滞后性。而在大数据的背景下，技术手段允许绿色食品企业将消费者在互联网上的一切行为实时记录下来。这些行为会直接反映消费者的性格、偏好等外在和内在特质，从而对用户不同性质、不同层次的需求进行挖掘。侯锡林等（2014）指出，基于大规模数据开

发出的算法模型可以帮助企业满足原来不能满足的消费者需求，探索出隐性市场需求。Erevelles 等（2016）认为借助大数据分析可以对消费者需求，按照心理、行为以及网络感知等多个维度进行细分管理，识别出消费者的潜意识需求，在充分满足消费者深层次需求的基础上，提高消费者满意度。此外，随着信息的双向快速传播以及透明化，绿色食品企业与消费者之间的关系往往是开放平等的，消费者对个性化、多样化的不锲追求，使消费者能够并且愿意参与到产品创意、研发和设计环节，这为绿色食品企业洞悉和了解消费者需求创造了有利条件。

3. 利用网络感知大数据信息，动态性地推进产品和服务创新

在大数据时代，绿色食品企业可以快速高效地获得关于用户、行业宏观情况等有关信息，能够实现产品或服务的全生命周期跟踪与监测，了解用户使用过程中的感受和一些关键行为，这可以指导绿色食品企业改进产品或服务、实现各项产品和服务的最优组合，提供针对性的产品及服务。Charles F 等（2016）通过研究得出以下结论：大数据可以进一步加深我们对消费者决策过程中每个阶段的理解，包括消费者做了什么，如何做的，在哪里消费，何时消费以及和谁一起消费等，这有助于我们准确把握消费者的需求，推进产品和服务创新。基于这些实时、详尽而且全面的数据进行思考、判断并做出的决策会更加准确可靠，减少了偏见和错误成分。在互联网行业中，基于对用户的洞察和了解，以及实时的意愿和感知状况，就能在恰当的时间为顾客提供恰当的内容或服务，通过精准实时地给用户提供他们想要的产品或服务，成为最懂用户的人，从而塑造企业的核心竞争力。一些互联网企业如京东、知乎、虎嗅、宜信等，根据变化的用户意愿和需求，动态性地提供与之匹配的产品或服务。除了互联网高科技企业可以基于大数据推动产品与服务之外，在传统行业，通过大数据分析与挖掘所得到的信息也为企业进行产品或服务的优化、迭代及组合提供了可靠的依据。比如，传统的保险公司与 4S 店合作，通过轮胎传感器数据收集汽车司机的驾驶习惯、日常出行路线、驾驶平均速度、年驾驶里程等，并结合保险公司拥有的出保次数、保险金额等，对消费者进行精准画像，描述消费者的特征、识别消费者的需求，从而为消费者提供成本更为优化、保障更有力的保险组合产品和保险服务。

二、大数据对价值创造与传递模式创新的影响

盛亚等（2015）认为，价值创造逻辑是指企业如何基于现有的资源向用

户提供产品或服务。项国鹏等（2015）以资源禀赋为基础，建立在价值网络之上的商务活动是价值创造的具体过程。而价值传递则聚焦于企业如何将产品或服务传递给顾客，具体包括传递过程中所依赖的渠道和客户关系等。大数据对绿色食品企业价值创造与传递模式的影响则贯穿于其中，从而创造出绿色食品企业新的价值创造与传递模式。

1. 大数据成为绿色食品企业价值创造与传递的关键资源

在动态市场环境中，绿色食品企业必须不断地获取资源并对其进行整合与开发，才能保持持续的发展和持久的竞争优势。数据的重要性可以和传统生产要素相媲美。掌握了大数据就掌握了资源，它为绿色食品企业发现价值、创造价值等提供了新的方式和路径。大数据作为绿色食品企业的一种资源，已成为绿色食品企业成本结构的一部分甚至占据很大一部分。有些绿色食品企业以自身拥有的大数据资源为中心，衍生出相关产品和服务，并直接进行出售作为新的收入来源；有些绿色食品企业以拥有的大数据资源作为媒介和工具，改善其他资源的利用方式和利用效率；有些绿色食品企业以大数据设施和技术为基础，将大数据应用到企业的供、产、销等职能和业务活动中，再造绿色食品企业业务流程。大数据资源已经成为企业参与竞争的一种关键资源，并提升到了战略地位。当然，这里的大数据资源是广义上的，包括企业拥有的全部数据、大数据基础设施、大数据相关技术、大数据专业人才。例如，作为提供信息服务的企业，同有科技公司面对大数据时代的到来，由传统存储厂商转型升级为大数据存储架构和服务提供商，持续为多个行业用户提供贴近大数据典型应用的专属定制的技术、产品、服务和一整套解决方案，大数据基础设施、大数据资源、大数据技术以及大数据人才成为同有科技公司的关键战略资源。在此过程中，同有科技公司通过洞察先机并迅速变革从而获得了持续快速的发展。

2. 大数据推动绿色食品企业关键活动和流程创新

在大数据时代背景下，数据的获取、存储、分析与挖掘成为了绿色食品企业的关键活动，且绿色食品企业其他的关键业务和活动都可以被数据活动所指导和驱动，这使得绿色食品企业的运行流转更加科学、严谨和高效。在大数据技术的支持下，一切存在物的痕迹都可以被数据化，可以在看似不相关的事物之间建立某种联系，这种联系在传统意义的逻辑上甚至是不成立的。Gang Wang 等（2016）认为大数据可以帮助发现事物独特的另一面，预测市场趋势、客户购买模式和设备维护周期等，可以探索出降低成本的方法，减少商业决策和活动的不确定性。他还在研究中强调了大数据商业分析在物流与供应链管理上的重要性。例如，在物流运输行业，借助于大数据绿色食品企业可以了解各个物流节点的运货需求和运力，降低货车的返程空载率，降低超载率，减少重复路线运输；基于大数据的分析和预测，可以在业务高峰期（例如，双“11”）到来之前，做好物流资源的精确规划与配置，实现运营的主动性、前瞻性，最终满足巨大的物流需求。在餐饮住宿、旅游等服务行业，企业通过对所收集的内部人和物的数据以及天气、特定季节或事件等外部大数据进行分析和挖掘，可以精准预测节前节后、淡季旺季、特殊事件期间，甚至每天不同时间段的需求量，进而灵活配置相应的人、财、物等资源。因此，大数据的应用可以实现企业业务运作的可视化，推进资源和信息的流动、共享与沟通，提高信息利用效率及资源配置效率。

3. 大数据促进绿色食品企业价值网络创新

作为众多主体构成的联合体，大数据会使价值网络纳入新的活动主体、改变主体在价值网络中的角色、合作模式及其相互关系。冯芷艳等（2013）指出，大数据背景下的生产经营决策将会依赖于社会媒体、网民、上下游企业以及竞争对手等所形成的“生态网络”，价值的创造与交付倾向于社会化和公众参与。例如，消费者以上传文字、图片、音频等形式可参与内容和价值创造，由用户创造的信息和数据（UGC）成为了海量数据的重要来源，用户成为价值创造过程的一部分。大数据带来了消费者影响力和传播力的提升，他们有了自己的话语权，不再只是产品和服务的被动接受者。因此，在大数据背景下，绿色食品企业必须重新审视与消费者的关系及消费者在价值网络中的角色和地位，使消费者延展到广大网民群体，借助新兴互联网媒介与他们进行密切互动，引导其参与企业的研发设计、产品改进、推广等环节，寻求与消费者的共赢，这样才能充分利用社会闲散资源谋求企业的长远发展。大数据除了让顾客和网民群体成为企业价值、网络价值创造主体之外，还使绿色食品企业与企业之间建立新的交互模式，使绿色食品企业在价值网络中纳入新的合作伙伴，建立多元主体协同互动的运作模式。例如，借助于大数据的可视化呈现与对比分析，可以发现各消费群体对绿色食品品牌选择的关联度，相关性高的品牌可以进行联合推广或用户共享、资源共享，从而获得价值网络的整体增值与多方的共赢。由于数据的可获得性、共享性以及基于数据分析获取的事物之间的相关性，增加了企业之间的合作频率、深度及广度，合作方式也更加多样化，合作、共享成为商业的一大特色，成为释放数据价值的主要途径。

4. 大数据为营销渠道与客户关系创新提供了新的技术手段

在以移动互联网为核心的大数据时代，随着消费者对极致体验的追求、对产品和服务的高标准以及供应商对多样化的需求，单一的线上销售和线下渠道是无法应对这一挑战的。企业借助于大数据基础设施和大数据技术，可以基于线上为主线下为辅、线下为主线上为辅或者线上线下并重等，部署线上线下相融合的战略，实现销售模式的场景化、个性化以及线上线下的互补增值、合作双赢，形成更加多元化的更高效的营销渠道模式。李巍等（2014）在其研究中就指出大数据能够升级并革新相关营销要素，能为营销活动的形式和内容带来全新的变化。例如，苏宁云商基于云计算技术，整合前端和后台，融合线上与线下，推行全方位服务的策略，形成了独具特色的“实体 + 网销”云商模式，这种模式改善了物流和售后服务、实现了线上线下同价、解决了由于价格问题与供应商之间的矛盾。苏宁还将其传统实体店改造升级为 O2O 互联网门店，消费者利用手机、平板等移动设备，通过店内免费 WiFi 登录苏宁易购，随心选购苏宁易购超过 200 万款的产品，通过实物和虚拟出样，使实体门店承载了更多商品的销售和服务，解决了电商平台用户触及不到产品的弊端，同时利用物联网、互联网技术来收集、分析消费者的行为，拉动实体零售企业走进大数据时代（夏清华等，2016）。就客户关系而言，在传统的营销模式下，由于信息不对称、信息传播速度慢，绿色食品企业和消费者之间无法有效互动，两者之间主要是买卖关系。而在大数据的背景下，信息技术的发展为绿色食品企业实时地、精准地连接到它的每一位顾客创造了条件，使双方之间的联系更加紧密；顾客的传播力和影响力得到大大提升，不再处于弱势一方，不再是产品的被动接受者。顾客的身份变成了多重，他们既是绿色食品的购买者，同时他们发表的评论或言论又会成为他人购买决策的重要依据，扮演着商品或服务的重要传播者和影响者的角色。Seunga 等（2016）以旅游预订网站为案例，基于大数据营销，探讨了不同类型的 UGC（包括用户评论和系统聚合用户生成内容两种类型）对不同消费行为结果的影响。研究结果表明，UGC 类型及其效价与产品评价、感知信息价值和用户满意度之间具有显著的交互作用。因此，大数据背景下的营销体系变得更加复杂，绿色食品企业与消费者之间是相互支持、共同成长的关系，不再局限于简单的交易关系。为此，绿色食品企业必须改变营销思路，重新审视与消费者的关系及消费者在价值网络中的角色和地位，寻求与消费者的共赢，这样才能谋求企业的长远发展。

三、大数据对价值获取方式创新的影响

项国鹏等（2015）认为，作为价值创造的自然结果，价值分配与获取包括成本结构和收入模式两个组成要素。其中，在收入模式上，大数据使企业现有收入流的收入模式发生变化。对此，侯锡林等（2014）指出，在大数据背景下，利润来源逐渐从租售、许可等收费模式转向免费模式，通过免费吸引和锁定顾客进而探索新的利润中心。Davenport 等（2014）指出，大数据分析有助于企业及时抓住商业热点以做出重要的决策、优化价格体系、降低企业的成本，并由此提升企业的盈利空间。例如，在广告媒体行业，大数据可以记录互联网广告中受众的每一次特定行为：点击、浏览、交易、注册、下载等，这就将广告费用与广告效率联系起来。广告主只需要为特定的用户行为付费，从而实现广告成本与广告价值的对等。而以时间或者次数为计费标准的传统收费模式很难在广告费用和广告效果之间建立起直接的联系。因此，大数据可以为绿色食品企业确立灵活的、更富有弹性的，甚至颠覆传统的收费模式，基于客户实际使用的服务模块定价，使产品价格更有竞争力，绿色食品企业甚至可以建立针对每位用户的实时动态定价体系。

基于大数据带来的收入模式的变化，绿色食品企业的成本结构得以优化，在降低成本的条件下进一步地提升了企业的收入水平。绿色食品企业在正常生产经营的过程中，积累的大数据资源除满足自身需求外还存在冗余。通过将冗余的数据资源进行出售，或者基于技术优势，对数据进行整合、处理、萃取，生成价值密度更高的信息作为收入来源，或者通过专家介入客户的业务实践，从而为客户提供业务问题解决方案。例如，为开放平台上的企业或商户提供情报挖掘、舆情分析、销售追踪、精准营销、个性化推荐等服务，为平台之外的其他各类网站、社区提供类似的数据产品和服务，由此产生的收益，既优化了原有的成本结构，同时也成为企业一项重要的收入来源。李文莲等（2013）认为，通过实现大数据资源的商品化利用，可以为绿色食品企业开拓新的业务领域，甚至使企业的经营性质发生根本性改变。当前，以大数据为中心的产业链已经逐步形成，一些电商、科技型企业已经跻身于大数据产业链。例如，阿里巴巴、科大讯飞等。咨询类企业基于构建的大数据平台提供了多种大数据相关的产品和服务，包括市场调研、用户研究、营销监测、行业解决方案等。例如，艾瑞咨询，这些产品和服务都是得益于自身在大数据领域的长期积淀。

第三节 大数据对绿色食品企业商业模式创新影响机理的框架模型

就大数据对商业模式各层面、各要素的影响，归纳提炼出大数据对绿色食品企业商业模式创新影响机理的框架模型（如图 3 - 2 所示）。

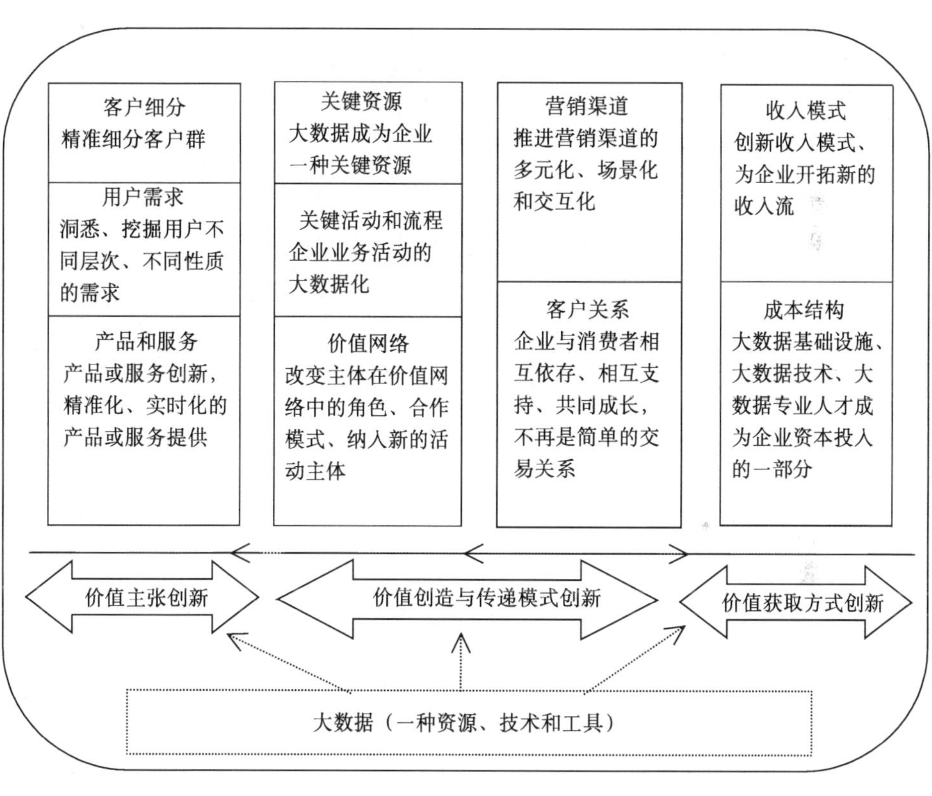

图 3 - 2　大数据对绿色食品企业商业模式创新的影响机理框架模型

从图 3 - 2 中可以看出，一方面，大数据已经渗透到绿色食品企业商业模式变革与创新的各个方面，为商业模式带来重构的压力和创新的机会，绿色食品企业唯有主动转变理念，变革思维，基于大数据来创新企业商业模式，才能适应大数据时代的市场竞争。事实上，围绕大数据带来的商业模式变革与创新已经成为企业转型与发展的主流。另一方面，大数据本身已经成为一个重要的产业，成为诸多绿色食品企业转型发展的重要方向，一些原本处于大数据产业链之外的企业，以大数据为驱动力进行流程改造与优化、进行业务内容和范围的创新，不断拓展新的收入源，通过这些商业模式构成要素的创新来形成新的商业模式，最终建立起自身的竞争壁垒。例如，阿里巴巴，亚马逊等不再只是当初的在线零售企业，而是基于大数据逐渐拓展行业之外的新业务，不断确立新的价值主张，不断进行流程创新以及盈利模式创新，不断颠覆传统的大数据产业链中的领先企业。其中，阿里云、百度云、腾讯云等基于大数据、云服务，构建了完整的大数据产业链，已经逐步探索出一条行之有效的大数据产业发展模式和盈利机制，成为未来中国大数据产业的重要代表性企业。还有一些企业虽然还没有涉足大数据产业链，但将大数据作为一个工具来进行流程再造与优化，同样取得了巨大的成功。例如，大数据已经渗透到京东的整个经营实践之中。首先，京东在商业模式“价值主张”的前端基于大数据的自动化算法进行优化搜索和个性化推荐，识别消费者的细分需求，实现了精准化营销；其次，在商业模式“价值创造与传递”的中端，“京东大脑”基于京东在用户、商品、采购、销售和运营等环节所积累的高质量数据，利用大数据和人工智能的技术来辅助采销人员对产品进行采购、促销、定价等操作，逐渐摒弃传统的手工定价，并建立了一套灵活动态的智能定价系统、物流系统和客户关系管理系统；最后，在商业模式“价值获取”的后端，京东基于高效的仓储物流系统，在大数据的指导下使得物资和人员的调配得到了充分优化，从而在不损害规模化的基础上优化企业的成本结构，并通过大数据形成了京东白条、京东金融等业务，拓展了京东的营业收入，开辟了新的盈利模式。正是基于大数据的商业模式创新，京东在经过 10 年的创业成长期之后，迎来了快速稳健发展的新时期。2016 年，京东全年净收入为 2602 亿元人民币，同比增长 44%，净利润 10 亿元人民币，而 2017 年仅仅第一季度就实现了 8.431 亿元人民币的经营利润。

综上分析，大数据是一种资源、一种技术、一种工具，更是一种理念上的创新和突破，它为绿色食品企业带来一种新的战略资源和核心能力。本研究基于商业模式的三维度构成体系，对大数据如何影响绿色食品企业商业模式创新的内在机理进行了研究，并得出如下结论：（1）商业模式创新作为一种涉及绿色食品企业资源、能力、流程等多种要素的系统性创新，会受到大数据的影响。大数据为企业发现价值、创造价值提供了新的视角和方式，大数据可以成为绿色食品企业商业模式创新的切入点；（2）大数据对商业模式创新的影响体现在商业模式构成要素中，包括价值主张、价值创造与传递模式、价值获取模式这 3 个顶层要素及其子要素；（3）大数据会渗透到绿色食品企业经营管理的方方面面，为绿色食品企业进行产品服务创新、收益模式创新、价值网络重构提供了无限的可能。绿色食品企业在大数据时代，可综合考虑外部环境和内部实践，找到商业模式体系中的一个或几个关键组成要素，以此为中心重新设计各个要素及要素间关系，探索新的商业模式，从而提升企业效益。

第四章

基于大数据的绿色食品企业商业模式创新实证研究

第一节 概念模型构建

大数据作为一种新的资源，具有变革企业经营管理中各个环节的巨大潜力，成为商业模式创新的来源和驱动力，为企业带来新的竞争优势。然而根据动态能力理论，企业的资源将会被逐渐耗尽或者失效，企业必须培育一种动态能力，这种动态能力可以帮助企业适应环境的变化。大数据作为一种资源，具有很强的时效性，其价值会随着时间的流逝迅速降低。而且大数据具有价值密度低的特点，海量数据本身并没有实际意义，只有针对特定的应用分析这些数据，挖掘其蕴藏的信息和知识，海量的数据才能发挥作用。所以，仅仅拥有大数据资源是不够的，必须培育一种动态能力，这种动态能力可以帮助企业持续应对大数据带来的挑战，不断挖掘大数据的价值，从而为企业带来持续竞争优势。综上所述，本研究认为大数据能力可以作为大数据时代下的一种动态能力，帮助绿色食品企业适应大数据时代的变化，大数据能力的构建和培育状况会对绿色食品企业基于大数据进行商业模式创新产生影响。因此本研究将大数据能力纳入研究模型中，据以研究大数据能力和绿色食品企业商业模式创新之间存在的关系。

大数据作为一种新资源、新工具，为企业思考和解决问题提供了新的路径。大数据带来了思维的变革，引发企业对传统观念和惯例进行批判性思考与重构。所以大数据能力的构建与培育进程，即从大数据被引入到被运用的各个环节均会受到企业内部学习文化和氛围、企业价值观念的影响。根据学习导向理论，学习导向是一个文化层面的概念，反映组织的价值观，影响企业接受新思想、新事物的意愿，影响企业创造和使用知识的倾向。因此，本研究认为学习导向会对绿色食品企业大数据能力的建设与发展产生影响。此外，学习导向作为一种影响创新的组织特性，有理由推测其与商业模式创新也存在某种关系。综上所述，本研究将学习导向也纳入研究模型中，试图探索学习导向、大数据能力以及商业模式创新三者之间的交互关系。在模型中，本研究借鉴前人研究成果将学习导向分为3个维度进行测量，并根据大数据、动态能力等领域的理论和实践将大数据能力划分为3个维度进行衡量，从而构建了本研究的理论模型（如图4－1所示）。

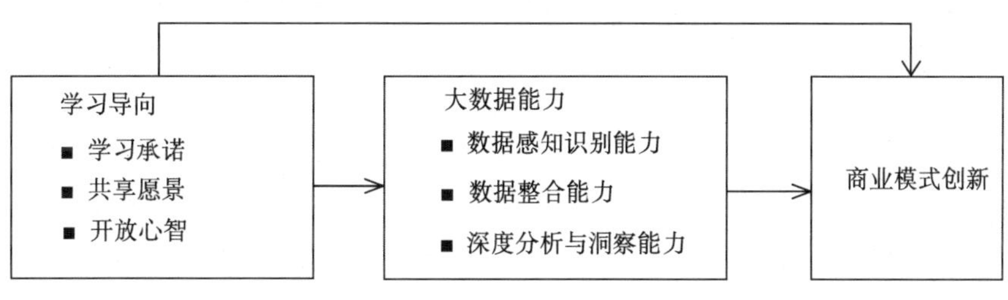

图4－1　本研究的理论模型

第二节 研究假设提出

一、学习导向与商业模式创新的关系

学习导向，是指组织内部有利于组织学习的价值观、文化氛围、政策措施及战略方向，它会影响组织内信息和知识的获取、分享、解释及应用。学习导向有利于企业塑造积极向上、开放共享的学习氛围，这种氛围通过影响员工个体行为，进一步为企业带来创新动力和竞争优势。本研究将从学习导向的3个细分维度来对其进行衡量与研究。移动互联网的发展带来了信息超载和知识碎片化，大数据的产生和发展带来了新资源、新工具和新认识。在这样的环境下，组织内部达成一致的学习价值观、明晰的共同愿景以及开放的思维和心智模式有利于企业接受新思想和新事物，学习新的技术和知识，同时通过为企业成员明确学习目标，避免碎片化学习倾向，引导成员进行系统化阅读，培育深度学习和思考的能力，掌握管理信息的主动权，不断丰富企业的知识存量、优化知识结构，从而为企业带来持久的创新动力。

通过回顾相关文献可以发现，学习导向与创新之间的关系从 20 世纪末就得到了学者们的关注，既使到现在也仍然是学术界的一个热点课题。这些研究绝大部分都认同学习导向与企业创新的正向关系。Stata（1989）提出，学习导向可引起创新，尤其在智力密集型产业中表现最为突出。谢洪明等（2007）选取 196 个样本对学习导向、知识整合、技术创新和管理创新之间关系及作用机制进行实证研究。结果显示，学习导向对技术及管理创新的正向促进作用。Khedhaouria 等（2017）的研究结果表明学习导向和知识获取行为对团队成员创造力具有正向影响。Tajeddini 等（2017）收集了来自日本 178 家酒店经理和管理人员的数据以对组织结构、学习导向以及组织创新之间的关系进行检验，研究结果表明，有机型组织结构对服务创新具有积极正向影响，学习导向水平的提高促进了有机型组织结构对服务创新的有效性。Jyoti 等（2015）的实证研究结果表明，学习导向在变革型领导与员工创造力之间的中介作用。Aziz 等（2013）的研究结果验证了学习导向的 2 个维度，即知识共享和愿景对中小企业创新能力的直接影响。Mahmoud 等（2016）的研究结果表明，学习导向对组织创新有显著影响。

商业模式创新作为企业的一种战略性创新，通过颠覆现有经营规则或转移竞争的重心来再次构造企业的运营方式和市场体系。但是目前来看，关于学习导向和商业模式创新的专门研究仍处于匮乏的状态。作为组织层面上的变革行为，商业模式创新反映的是企业内在思维方式的改变。谢德荪（2012）提出商业模式创新属于“源创新”，新理念是商业模式创新的源头和出发点，所以组织内部学习文化和氛围在商业模式创新过程中起到先导和支持作用。Demil 等（2010）则提到，企业“过去的成功”有时会使企业陷入思维定势，从而带来“成功成为失败之母”的窘境，阻碍商业模式革新的实施进程。Garrido 等（2014）认为，学习导向能够推进战略创新，最终组织的创新绩效也会受到影响。郭毅夫等（2012）的研究结果表明组织学习因素在商业模式转型中的促进作用。冯雪飞等（2015）认为，商业模式创新是一种具有挑战性和风险性的创新行为，必须得到高层管理者的支持和推动，而且必须塑造一种创新文化，创新性文化通过鼓励创新、失败及“试错”行为来帮助实现运营环节的突破，取得先动性优势。故而展开如下推论：在当今信息化推进大数据价值不断提升的时代，创新的文化氛围能够推动企业突破旧有思维和惯例的桎梏，对既有问题或假设进行重新界定，积极引进、学习外部成功实践与先进事物，促进商业模式的设计和实施，从价值定位、价值创造与传递、价值获得等商业模式的各要素结构上促进商业模式创新，而保守、封闭的价值理念则会阻碍商业模式的革新。因此，提出如下假设：

H1：学习导向对绿色食品企业商业模式创新具有显著的正向影响。

H1a：学习承诺对绿色食品企业商业模式创新具有显著的正向影响。

H1b：共享愿景对绿色食品企业商业模式创新具有显著的正向影响。

H1c：开放心智对绿色食品企业商业模式创新具有显著的正向影响。

二、大数据能力与商业模式创新的关系

李文莲等（2013）在其研究中提到了大数据对商业模式创新驱动的三维视角。Hartmann 等（2016）对由数据驱动的初创企业的商业模式进行研究。由此可以看出，大数据作为一种新资源和新技术会对商业模式创新产生驱动作用。但是要想成功地进行商业模式创新，必须依赖于企业对海量数据的识别、整合、挖掘及利用能力，企业的学习与洞察能力等。所以，本研究认为大数据能力是大数据时代下企业能否成功地进行商业模式创新的重要影响因素，商业模式各构成要素的革新得益于企业大数据能力的构建和培育。Battistella 等（2017）在其研究中提到成功的公司培育特定的能力，以便主动采取行动，达到战略敏捷性，并将其直接指向商业模式的特定关键元素，由此产生商业模式的创新。刘丹等（2014）认为，以大数据为中心可以派生出多种应用模式，这些应用模式往往能够以一种颠覆现有规则和传统的方式来解决问题，这些应用模式的成功与否直接体现了企业大数据能力的高低。曹旭光（2014）指出对大数据进行整合、分析和挖掘是物流企业在大数据时代进行创新变革所需要采取的对策，这可以帮助企业进行市场的洞察、业务的拓展，各利益主体之间的资源整合等，从而带来企业的转型升级和联动发展。Chesbrough 等（2010）认为，企业的动态能力是推进商业模式创新和变革的关键因素。动态能力的本质是更新现有资源或能力以应对环境的动态变化，从这一角度看，大数据能力其实也是一种动态能力。此外，在本研究中大数据能力被看作一个多维度的概念，由数据感知识别能力、数据整合能力，深度分析与洞察能力 3 个维度组成，现对大数据能力各个维度与商业模式创新之间的关系进行如下推演：

第一，大数据背景下商业模式创新需要对大数据形成良好的认知，形成对大数据及其影响组织变革和商业模式创新的敏感性和大数据作用的感知识别能力。企业通过识别重要的数据资源、感知大数据技术的发展动向，引进大数据

人才，构建和巩固企业的大数据基础设施，并基于此对大数据进行分析、挖掘，从中得到有价值的信息和知识。在这一过程中企业家会突破常规，发生认知和思维的转变。之后结合企业家个人的思考和判断对这些信息进行加工、转换和利用，并将大数据分析和挖掘的过程固化为企业的流程。长期的大数据应用和实践会对企业家或管理者的价值体系、知识体系及思维方式等产生影响，使得他们的认知得到持续的成长，进而推进企业的战略变革及商业模式创新。Petrovic（2001）曾提到，商业模式是基于管理者心智模式的演化而产生和建立的，只有当他们认识世界的心智模式发生改变，商业模式的变革才能产生，企业才能发掘出新的顾客价值。此外，Helfat 等（2015）也认可管理者认知在商业模式变革与创新中扮演的重要角色。

第二，大数据整合能力决定了商业模式创新的完整度和高度。作为一种重要的组织资源，对大数据进行整合与利用的能力能够对商业模式创新产生影响。首先，商业模式设计和实施过程需要各种组织资源和能力的配合与协调；其次，对复杂商业模式的有效管理和变革创新会受到管理者利用和组织内外部各种资源和能力的影响。在大数据时代，大数据作为企业一种重要的战略资源，企业对大数据相关资源（包括数据资源、大数据技术、大数据人才）的识别、整合与协调能力有利于商业模式创新的规划与实施。例如，企业通过感知、识别所拥有的数据资源的价值，将大数据技术与原来的技术体系进行融合优化，并以这些数据为中心衍生出大数据相关产品和服务，直接进行出售作为新的收入来源，提高企业的价值获取能力，或者借助于大数据的整合来改善企业对其他资源的利用方式和利用效率，推进企业日常运营中其他关键活动的运行与创新，不断进行流程改造与优化。例如，在物流运输行业，借助于大数据企业可以了解各个物流节点的运货需求和运力，进行运输路线的精准规划，降低返程空载率和超载率，实现物流资源的高效调配。可见，企业对大数据相关资源的整合能力能够推动企业对各项组织资源的配置以及能力和效率的提升，并基于此有效地促进商业模式的变革与创新。

第三，对大数据的深度分析和洞察能力，不但是大数据应用价值的体现，也是推进商业模式变革的必要条件之一。Wang L 等（2015）认为大数据分析最重要的应用之一就是新知识的创造，新管理规则的产生以及建立在大数据之上的新经济。大数据带来了信息获取和利用方式的变化，带来了思考问题的新视角和解决问题的新方式，最终可以推动商业模式的革新。庞长伟等（2015）的实证研究结果也表明对市场机会的识别能力有利于企业开展商业模式创新。而大数据可以成为商业、市场、客户和消费者洞察力的来源。Kambatl 等（2014）认为，数据多样性和大数据分析可以帮助企业获得对事物的独特见解。例如，消费者行为、消费者偏好等。McAfee 等（2012）在其研究中指出大数据的使用范围和用途会继续扩大，帮助领导者从数据中获取他们所希望得到的、更深层次的知识、洞见以及行动的指南和智慧。Davenport 等（2014）认为大数据分析可以帮助企业及时抓住商业热点以做出重要的决定。可见，基于大数据而形成的深度分析与洞察能力可以帮助企业发现经营环境中隐藏的新机会和新需求，提高企业的市场机会识别能力和环境敏感性，有利于企业顺利开展商业模式的革新。

综合上述相关推演与分析可推测，企业的数据感知识别能力、数据整合能力以及深度分析与洞察能力会对企业基于大数据的商业模式创新产生影响。因此，本研究提出如下假设：

H2：大数据能力对绿色食品企业商业模式创新具有显著的正向影响。

H2a：数据感知识别能力对绿色食品企业商业模式创新具有显著的正向影响。

H2b：数据整合能力对绿色食品企业商业模式创新具有显著的正向影响。

H2c：深度分析与洞察能力对绿色食品企业商业模式创新具有显著的正向影响。

三、学习导向与大数据能力的关系

近几年，大数据在经济社会发展中所做出的贡献越来越大，使得大数据能力作为一种特殊能力被学者提出。基于动态能力理论，大数据能力被看作一种动态能力，能够帮助企业适应环境的变化，应对大数据带来的机遇和挑战。通过对动态能力相关文献进行梳理可以发现，学习导向对于动态能力的形成和发展发挥着非常重要的作用。Eisenhardt 等（2000）提出动态能力的演化发展机制，即通过反复的实践、试错并不断地进行学习和总结而形成和发展。曾萍等（2009）指出，动态能力的构建是一个循序渐进的过程，不是短时间内就可以完成的，而学习机制是动态能力得以不断发展和升级的根本手段。综上可知，动态能力的构建和发展是组织内部的一个学习过程，受组织内部学习氛围和价值观影响的学习机制会影响动态能力的发展与提升。基于此，一些学者开始剖析、验证学习导向与动态能力之间的关系。董保宝等（2014）基于 317 家新创企业的有效数据，探索了学习导向与动态能力和竞争优势之间的交互作用机制，结果表明学习导向与动态能力之间存在明显的正向影响关系。Wang C L 等（2015）对不同学习方式与动态能力的关系展开实证研究，发现探索性学习可以推进企业动态能力的发展，而只注重开发性学习则会对动态能力产生阻碍作用。曾萍等（2009）参考前人提出的学习承诺、分享愿景及心智模式3个维度对组织学习进行衡量，研究结果发现组织学习在动态能力培育过程中起到明显的推动作用。

目前，虽然关于学习导向对动态能力的培育与构建的显著影响已经得到了广泛研究，但遗憾的是，学习导向与大数据能力之间关系的研究却比较少。然而我们可以从动态能力的视角来推演学习导向与大数据能力之间的内在关系。在大数据能力的构建过程中，需要企业能够感知识别到大数据领域的发展动向，把大数据纳入企业的资源体系中，转变原有的思维方式，不断接受新思想、新事物，不断学习新的大数据技术，并通过对成功大数据实践或案例的学习，引导员工对现有的组织惯例和流程进行批判性思考，通过企业内部和外部的深度交流与讨论不断开拓各种创新性的大数据应用能力。正如学者们的研究中所说，学习导向与动态能力的内在关系一样，大数据能力的形成与发展也是基于感知、模仿、试错及创新等组织内部学习机制，虽然两者并不完全相同，但是大数据能力仍然可以被视为大数据时代下的一种动态能力，帮助企业适应大数据带来的变化。由此，本研究可以推测大数据能力同样会受到组织学习导向的影响。企业对待学习的态度和价值观、企业接受新思想和新理念的意愿会影响企业识别、获取、整合及利用大数据的能力，投身于学习且具有开放性组织文化的企业，学习意图明确，对员工学习培训的投资也多，具有优秀的知识、信息的获取和应用能力。因此，本研究认为绿色食品企业的学习导向会对大数据能力产生影响，故提出如下假设：

H3：学习导向对绿色食品企业大数据能力具有显著的正向影响。

H3a：学习承诺对绿色食品企业数据感知识别能力的正向影响。

H3b：学习承诺对绿色食品企业数据整合能力的正向影响。

H3c：学习承诺对绿色食品企业深度分析与洞察能力的正向影响。

H3d：共享愿景对绿色食品企业数据感知识别能力的正向影响。

H3e：共享愿景对绿色食品企业数据整合能力的正向影响。

H3f：共享愿景对绿色食品企业深度分析与洞察能力的正向影响。

H3g：开放心智对绿色食品企业数据感知识别能力的正向影响。

H3h：开放心智对绿色食品企业数据整合能力的正向影响。

H3i：开放心智对绿色食品企业深度分析与洞察能力的正向影响。

四、大数据能力的中介效应

本研究认为虽然学习导向会对绿色食品企业商业模式创新产生影响，但是在绿色食品企业基于大数据进行商业模式创新的过程中，必须通过大数据能力的中介作用，大数据能力的构建和运用状况是大数据能否真正为绿色食品企业带来实质性价值的关键所在。因此，本研究基于大数据的时代背景，提出了学习导向通过影响大数据能力进而影响商业模式创新的路径机制。

首先，大数据能力是围绕大数据建设和发展的，而大数据作为一种新的资源，带来了思考和解决问题的新方式和新路径，所以企业对大数据的认知、整合及运用必须依赖组织内部的高学习导向。学习导向作为组织学习文化的一种表征，反映了绿色食品企业对于新思想、新事物所持有的态度和价值观，鼓励学习和创新的组织文化无疑会推进大数据从引进到运用的整个过程，进而带来绿色食品企业大数据能力的提升。其次，关于大数据能力和商业模式创新，根据资源基础理论和动态能力理论可做出如下推导：在大数据的背景下，如果绿色食品企业只是获取大数据，而不对这些纷繁复杂、结构多样、来源广泛的海量数据进行识别、筛选、转换、分析和利用，那么这些数据对企业来说是没有任何意义的。绿色食品企业无法从原始大数据集合中获得有价值的知识和信息，也无法从静态数据中获得洞察力等。相反这些数据资源反而会成为企业的负担和冗余。所以，绿色食品企业必须构建相应的大数据能力，通过大数据分析和挖掘能力，对消费者进行精准细分；利用网络感知大数据信息，动态地推进产品和服务创新；基于大数据的洞察为绿色食品企业开拓新业务、探索新的盈利模式。大数据具有变革商业模式的潜力，但是这种变革力仅仅依赖数据资源是不能产生的，还必须在大数据能力的推进作用下才能形成。只有拥有良好大数据能力的绿色食品企业，在面对复杂、结构各异的数据资源时，才能较好地运用自身技术分析和挖掘数据价值，服务于绿色食品企业战略和业务实践，逐步形成具有绿色食品企业特色的战略资产和竞争优势。基于上述分析，本研究提出以下假设：

H4：大数据能力在学习导向与商业模式创新的关系具有中介效应。

第三节 变量测量与数据来源

一、变量的操作性定义与测量

本研究所涉及的变量主要有学习导向、大数据能力以及商业模式创新，下面将分别对这些变量的测量量表进行说明，包括量表来源、具体的测量题项等。

1. 学习导向的测量

本研究中关于学习导向的概念和测量主要借鉴 Baker 和 Sinkula 的研究成果，因此本研究认为学习导向是组织内部一种鼓励学习和创新的价值观，会影响组织吸收、转化和使用知识的倾向，表现为企业对既有假设和规则的质疑，对新事物、新思想所持有的开放性态度。通过对学习导向的相关文献进行回顾，发现关于学习导向的测量最早是由 Baker 和 Sinkula 于 1997 年提出的。这两位学者将学习导向划分为 3 个维度，即学习承诺、共享愿景以及开放心智，并开发了相应的量表，但这些指标存在一些不足之处。之后他们对这个量表进行了修改与完善，每个维度分别用 6 个题项来衡量，改进之后的量表被很多中外研究所采用，具有良好的合理性和适用性，所以本研究借鉴此量表来对绿色食品企业学习导向进行测量（如表 4－1 所示）。

表 4－1　学习导向的测量题项

维　度	测量题项
学习承诺	1. 企业管理者基本认同学习能力是企业获得竞争优势的关键； 2. 将学习视为改进的主要途径是企业的主要价值观之一； 3. 将员工学习看作一项投资而非成本； 4. 企业认为，学习是企业生存的必要条件； 5. 企业文化中并没有对员工学习的重要性进行强调； 6. 企业内部达成如果不学习，企业未来将面临危险的共识
共享愿景	1. 本企业员工对企业的定位及未来发展有清晰的认识； 2. 企业各层级、各部门对组织愿景达成了共识； 3. 本企业员工都致力于实现企业的目标； 4. 本企业员工能够意识到自己对企业未来发展所承担的责任； 5. 企业高层管理者会与员工分享、交流他们的愿景； 6. 企业拥有一个得到全体成员认同的、清晰一致的愿景
开放心智	1. 本企业不怕他人对企业的经营方式进行批判； 2. 企业管理者不介意自己的观点受到质疑或反对； 3. 企业认识到包容、接纳不同观点的重要性； 4. 企业管理者鼓励员工突破常规和传统来思考问题； 5. 企业文化中鼓励持续创新； 6. 企业非常重视原创性，鼓励员工提出新颖的观点和意见

2. 大数据能力的测量

本研究中的大数据能力是指企业对大数据相关资源（例如，数据资源、大数据基础设施、大数据技术、大数据人才）进行识别、获取、整合并加以利用，以支持和满足各类业务需求，从而帮助企业适应动态环境的能力。通过对大数据、动态能力等领域的相关文献进行梳理，结合有关专家的意见，将大数据能力划分为数据感知识别能力、数据整合能力以及深度分析与洞察能力 3 个维度。由于大数据能力是一个较新的概念，国内外学者对大数据能力的研究还比较少，所以本研究参考谢卫红、程学旗，Wamba 等的研究成果，对绿色食品企业大数据能力的测量量表进行了探索性开发。其中，数据感知识别能力包括 5 个题项，数据整合能力包括 5 个题项，深度分析与洞察能力包括 7 个题项（如表 4 - 2 所示）。

表 4 - 2　大数据能力的测量题项

维度	测量题项
数据感知识别能力	1. 企业内部经常发起对数据资产重要性及其应用的相关讨论； 2. 企业能辨别不同数据源数据的重要性； 3. 企业了解或关注大数据技术的发展动向及不同应用场景； 4. 企业意识到大数据专业人才在企业发展中的战略地位； 5. 企业内部已经形成重视数据的普遍意识
数据整合能力	1. 企业能够独立开发或者从外部获得大数据分析的软件平台； 2. 企业能够持续、实时地获取企业内外部的各种数据； 3. 企业能够不断地学习、更新大数据技术（例如，MapReduce、Storm、Dremel，Spark 等数据处理系统，深度学习、知识计算、可视化技术等大数据分析技术）； 4. 企业能够积极引进并培育优秀的大数据技术人才； 5. 企业能根据业务目标有效地协调内外部大数据资源（包括数据资源、大数据技术以及大数据专业人才）
深度分析与洞察能力	1. 企业拥有并掌握了一系列大数据分析软件、工具和组件（例如，Hadoop、Storm、Spark、Mongo DB、Scribe、Impala、Apache Drill 等大数据生态圈相关的技术和组件）； 2. 企业能够持续地对企业内外部数据进行分析； 3. 企业能够快速地从海量数据中分离出有价值的信息； 4. 企业能够实现信息在不同解析度上的展示； 5. 大数据提高了企业对市场需求的洞察力； 6. 大数据提高了企业对内部各个部门和环节的洞察力； 7. 大数据分析和挖掘为企业的大部分决策提供了数据支持

3. 商业模式创新的测量

通过对以往文献的梳理，本研究发现，当前关于商业模式创新概念的认识，学术界已基本达成一致。基于 Zott、Amit、Casadesus - Masanell、李文莲等学者的研究成果，本研究认为，商业模式创新是指企业对经营逻辑进行系统性全局性再思考，从而遵循新的行为准则和方式进行价值的创造与价值的传递等。商业模式创新作为一种系统性创新，涉及内部诸多要素之间的互动整合及相互作用。例如，产品和服务、目标客户、合作伙伴及盈利模式等商业模式的核心构成要素，即商业模式创新可以通过商业模式内部主要构成要素的革新来体现，此观点也是商业模式创新路径理论的主要内容之一。Zott、Osterwalder、王鑫鑫等也曾基于这一理论对商业模式创新的测量题项进行了探索性开发。因此，本研究基于这些学者的研究结果及相关理论，设计了 5 个题项测量绿色食品企业商业模式创新（如表 4 - 3 所示）。

表 4 - 3　　商业模式创新的测量题项

变　量	测量题项
商业模式创新	1. 企业成功地开发出了多种创新性的产品和服务； 2. 企业能够精准地进行市场细分和目标顾客的锁定； 3. 企业能够创造性开发并维护与广大消费群体、客户以及上下游合作伙伴等利益相关者所形成的价值网络； 4. 企业能够不断开拓新业务，探索新的盈利模式； 5. 总体而言，企业的商业模式是新颖的、具有创新性的

上述各题项均采用李克特 5 级计分方式来测量，回答者指出他们对问题陈述的同意程度（如，企业内部经常组织对数据资产重要性或者大数据应用的相关讨论），“1” 表示完全不同意，“5” 表示完全同意。

二、问卷开发与设计

本研究主要涉及 3 个关键变量，分别为学习导向、大数据能力以及商业模式创新，通过问卷调查的方式对这些变量及其之间关系进行实证分析。为了获取高质量的研究数据，本研究在问卷设计过程中遵循了科学的研究方法，通过文献研究、访谈、开放式问卷、与专家交流等方法对问卷进行了反复斟酌和调整，最终形成正式的问卷。具体开发过程如下：

1. 在设计初期针对本研究中的主要研究变量，找出与本研究背景较为契合的量表或题项。再结合本研究的研究实际进行必要或者适当的调整和修改

为确保问卷具有较好的内容效度，本研究广泛参考研读文献，找出涉及信息技术，大数据等 5 个与本研究相关的量表式题项，并加以借鉴。

2. 参考相关专家的意见，对量表的内容进行进一步的修改与完善，以确保语句没有歧义、容易理解

3. 调整问卷结构

关于问卷的结构，本研究通过对国内外有关文献进行研究与分析，以帮助对研究变量的进一步理解，同时征求相关学者和企业家的意见，对变量的某些维度进行了分离、合并或者去除，对问卷的整体结构安排进行了相应的调整，使其符合人们思考问题的逻辑并易于理解，由此形成本研究的初始问卷。

4. 在开展大样本调查前，进行小规模预调查

为了提高问卷的有效性和科学性，在开展大样本调查之前，进行了涉及 62 家绿色食品企业的小规模预调查，调查共回收有效样本 39 份。

对预调查回收的问卷进行分析，主要进行信度和效度检验，将不准确或不合理的语句进行修改或删除，最终形成本研究的正式调查问卷。

最终问卷由以下 4 个部分组成：（1）学习导向的测量。学习导向用学习承诺、共享愿景及开放心智这 3 个维度来衡量，每个维度分别用 6 个题项进行测量；（2）大数据能力的测量。大数据能力包含 3 个维度，前两个维度都是用 5 个题项进行测量，后一个维度用 7 个题项进行测量；（3）商业模式创新的测量。商业模式创新在本研究中被视为单维度变量，包括 5 个测量题项；（4）绿色食品企业基本情况的描述。包括企业名称、企业成立时间、企业所在省市、员工人数，问卷填写人所在岗位等。问卷中的所有题项，除（4）外，其余皆采用李克特 5 级量表衡量。要求问卷填写人根据所在企业的实际情况对每个题项的同意程度进行 1 至 5 级的判断（1 表示“完全不同意”，5 表示“完全同意”）。

三、样本选择与数据收集

信息技术、大数据以及移动互联网的快速发展改变了企业所面临的市场环境、技术环境和资源环境等，使企业之间的竞争更加复杂和难以捉摸。当前人们生活水平越来越高，也越来越注重生活质量和健康，绿色食品企业已经得到了各个地方政府的高度重视。本研究聚焦大数据背景下绿色食品企业学习导向、大数据能力以及商业模式创新三者之间的关系。鉴于数据收集的广泛性和外部效度要求，本研究问卷取样的范围突破了黑龙江单省份的局限性，拓展到北京、广东、上海、成都、深圳等地。

问卷的发放主要通过以下两种方式：一是实地发放纸质问卷；二是通过网络问卷的方式进行数据收集。问卷具体发放渠道如下：一是通过 Email 将问卷电子版发送给被查者或者利用“问卷星”网络问卷平台资源和功能进行问卷的发放和收集；二是通过各高校的 MBA 班级，现场进行问卷的发放与回收；三是通过企业目录选择绿色食品企业，向其邮寄问卷，请其填写；四是通过网络的方式，将问卷直接发送给笔者已经参加工作的同学、朋友，并借助他们的人际网络关系，推进问卷的进一步传播与发放。正式的问卷调查开始于 2017 年 8 月初，2017 年 10 月中旬截止。为了保障问卷回收率和样本数量，在调查过程中及时跟进发放进度，发现问题或者不足及时采取相应的措施。

第四节 统计分析方法

一、描述性统计分析方法

在对样本数据进行实证分析之前，需要先对数据的总体情况进行介绍与说明。描述统计用数学语言的方式对一组样本或者样本各变量的特征进行整体概括和阐释。本研究的描述性统计分析内容包括企业成立年数、企业所在省市、企业主营业务所属行业、员工人数、企业性质、填写人的职务等，说明各变量的均值与百分比等，获取对样本总体和直观上的认识。由于本研究的研究对象为绿色食品企业，所以对样本数据进行描述性统计分析显得更为重要。通过这一分析，可以了解样本所在地区的分布，主要是观察北京、上海这些发达地区企业的占比；可以了解问卷填写者在公司中的职位，其职位特征会影响所掌握的情况和对相关问题的理解，从而对问卷数据的可靠性和准确性造成影响，通过获取这些基本信息来判断所收集的样本是否达到了进行统计分析的基本要求。除了对样本进行描述性统计分析，还需对各研究变量进行描述性统计分析，包括各变量的均值、中位数、标准差等，从而对各个变量的数据分布有一个初步的认识。

二、信度与效度检验

信度能够体现测量结果的内部一致性程度，效度则表明了测量工具对调查对象属性的差异进行测量时的准确程度。信度与效度分析是实证研究中的必要环节，只有满足信度和效度要求的实证研究才具有说服力。

1. 信度检验

信度是指对同一事物进行重复测量，其结果的一致性程度。它表示所用测量工具的稳定性或可靠性，用信度系数表征。需要说明的是，信度与测量结果本身是否正确无关，它的用途在于检验测量是否稳定。信度包括内在信度和外在信度两类。内在信度用于权衡问卷调查表中的某一组问题测量的是否为同一个概念，如果不同测试项目得出相同的测试结果，便符合内部一致性要求。外在信度是指同一问卷在不同时间对相同对象进行重复测量，所得结果之间的一致性程度，又被称为重测信度。如果用同一份测量量表对相同的测量对象在不同时间段进行多次测量，其结果一致性程度较高，且多次测评结果相关性强，则表明题项的含义和内容明确，外部信度较高。一般利用 Cronbach's α 系数来检验量表的信度，将计算出的 Cronbach's α 系数与相应的标准进行比较，从而对量表的信度进行判断。

2. 效度检验

效度用于权衡测量工具或手段能够准确测出所需测量事物的能力。在效度检验中，一般是通过内容效度和构建效度对问卷结构的合理性进行检验。其中，内容效度是指测量内容和目标之间的相关性；构建效度表明量表对研究中所提出的概念模型进行解释的有效程度。如果对构建效度进行细分，其又包括收敛效度和区别效度。对构建效度的检验一般是采用探索性因子分析和验证性因子分析两种方法。但是 KMO 样本测量和 Bartlett 球体检验是进行因子分析的先行步骤，基于此判断量表是否适合做因子分析。

三、结构方程模型分析方法

综合多元回归、路径分析和确认型因子分析方法而形成的一种统计分析工具被称为结构方程建模方法（以下简称“SEM”），可以帮助检验和解释变量之间的关系，既适用连续型数据又适用离散型数据。SEM 所研究的变量，按变量是否可测，可以分为显变量和潜变量。可以直接观察并测量的变量称为显变量，又称观测变量。不能直接观察的变量称为潜变量。按变量生成的角度不同，SEM 中的变量又可分为外生变量和内生变量。外生变量在模型中不受其他变量的影响，而内生变量的特征恰好与之相反。其中，SEM 中的内生变量又包括两种变量，一种是类似回归分析中的纯粹因变量，另一种是中介变量。中介变量既是外生变量的“果”，同时又是某些内生变量的“因”。

SEM 通常用路径图来描述各变量之间的关系，而且路径图中涉及专门的符号或图形。SEM 的路径图包括两部分内容，即测量模型和结构模型。测量模型用来描述显变量和潜变量之间的关系，表明一个潜变量通过哪些观察变量来衡量。结构模型描述了潜变量之间的关系，类似于多元回归中用于描述外生变量与内生变量之间定量关系的模型。测量模型和结构模型在逻辑上是联系密切的。研究者力图验证的假设主要反映在结构模型部分，相当于多元回归分析中自变量对因变量的影响。由于 SEM 所处理的一般为潜变量，所以需要有变量设计的过程，从概念性变量转换至操作型变量，测量模型则描述了此变量设计的过程。SEM 的应用一般使用计算机软件来完成。例如，LISREL（Linear Structural Relations）和 Amos（Analysis of Moment Structures）软件。

第五节
数据分析与假设检验

一、样本的描述性统计分析

本研究共发放问卷 500 份，实际收回问卷 336 份，样本回收率为 67.2%。在回收的问卷中，有些问卷存在大片空缺或填写雷同的问题，剔除这些无效问卷后得到有效问卷 217 份，有效问卷回收率为 64.6%。基于有效样本，对样本进行描述性统计分析，主要包括企业性质、员工人数、企业成立年数、填写人职务等，运用 SPSS 18.0 对本研究中的有效样本进行描述性统计分析，结果如表 4-4 所示。

从表 4-4 的数据可以得出，国有和民营绿色食品企业占比 90% 有余，而外资和中外合资企业占比较小；员工人数在 500~2000 人之间的企业所占比例最高，占比超过1/3，员工人数在100～500人之间的企业所占比例次之；企业的成立年限分布比较均匀，各个档次所占比例比较相近；被调查者中，技术人员所占比例最高，将近占了一半的比例。一般来说，绿色食品企业中的技术人员有相对较高的学习能力与创新能力，对企业有关技术的发展、运用及创新状况比较了解，因此有能力对企业的学习氛围和价值观、技术运用以及创新成效进行比较符合实际的判断，针对他们开展的调查可以提高本研究的可靠性和科学性。

表4－4　　样本的描述性统计分析

变　量	类　别	数　量	百分比（%）	累积百分比（%）
企业性质（个）	国有	25	11.5	11.5
	民营	172	79.3	90.8
	外资或合资	14	6.5	97.3
	其他	6	2.7	100.0
员工人数（人）	100人及以下	21	9.7	9.7
	101～500人	62	28.6	38.3
	501～2000人	79	36.4	74.7
	2001～5000人（含）	30	13.8	88.5
	5000人以上	25	11.5	100.0
成立年数（个）	5年及以下	34	15.7	15.7
	6～10年	51	23.5	39.2
	11～15年	37	17.1	56.3
	16～20年（含）	57	26.3	82.6
	20年以上	38	17.4	100.0
企业所在地（个）	广东	58	26.7	26.7
	上海	45	20.7	47.4
	浙江	37	17.1	64.5
	北京	31	14.3	78.8
	黑龙江	16	7.4	86.2
	江苏	19	8.8	95.0
	其他	11	5.0	100.0
填写人职务（人）	专业技术人员	94	43.3	43.3
	普通职能人员	79	36.4	79.7
	部门主管	17	7.8	87.5
	高管	13	6.0	93.5
	其他	14	6.5	100.0

二、变量的特征值分析

变量的特征值分析主要是说明回收的有效问卷中各个测量题项的基本统计量，一般包括均值、中位数、标准差、斜度、峰度。运用 SPSS 18.0 对各变量进行描述性统计分析的结果如表 4－5、表 4－6、表 4－7 所示，依次描述了学习导向、大数据能力和商业模式创新的基本统计信息。一般认为斜度绝对值小于 3，峰度绝对值小于 10 时，表明样本基本上服从正态分布（Kline，1998）。从表 4－5 至表 4－7 所示的结果可以看出，绿色食品企业学习导向、大数据能力和商业模式创新样本的偏度和峰度的绝对值都在正态分布的标准以内，因此可以认为本次样本调查的数据基本上服从正态分布，可以作更进一步的数据分析。

表 4－5　学习导向的特征值

维度	题项	均值	中位数	标准差	斜度		峰度	
					统计量	标准误	统计量	标准误
学习承诺	A1	3.92	4.00	0.647	－0.368	0.197	0.557	0.239
	A2	3.96	4.00	0.659	－0.191	0.197	0.149	0.239
	A3	3.89	3.00	0.793	－0.425	0.197	－0.266	0.239
	A4	4.01	4.00	0.689	－0.572	0.197	0.237	0.239
	A5	4.03	4.00	0.597	－0.368	0.197	0.405	0.239
	A6	3.97	4.00	0.726	－0.821	0.197	0.321	0.239
共享愿景	A7	3.90	4.00	0.727	－0.267	0.197	－0.298	0.239
	A8	3.92	3.00	0.753	－0.533	0.197	0.276	0.239
	A9	3.89	4.00	0.671	－0.464	0.197	0.237	0.239
	A10	3.84	3.00	0.765	－0.380	0.197	－0.166	0.239
	A11	3.95	4.00	0.675	－0.596	0.197	0.867	0.239
	A12	3.88	4.00	0.768	－0.306	0.197	0.592	0.239
开放心智	A13	3.93	4.00	0.691	－0.428	0.197	－0.232	0.239
	A14	3.88	3.00	0.738	－0.539	0.197	0.122	0.239
	A15	4.01	4.00	0.714	－0.687	0.197	1.725	0.239
	A16	3.99	4.00	0.805	－0.566	0.197	0.306	0.239
	A17	4.08	4.00	0.731	－0.507	0.197	1.395	0.239
	A18	4.05	4.00	0.671	－0.524	0.197	0.765	0.239

表 4-6　　大数据能力的特征值

维度	题项	均值	中位数	标准差	斜度		峰度	
					统计量	标准误	统计量	标准误
数据感知识别能力	B1	3.56	3.00	0.832	-0.526	0.197	0.101	0.239
	B2	3.73	4.00	0.760	-0.620	0.197	0.305	0.239
	B3	3.86	4.00	0.753	-0.612	0.197	0.257	0.239
	B4	3.47	3.00	0.782	-0.472	0.197	-0.152	0.239
	B5	3.88	4.00	0.823	-0.579	0.197	0.531	0.239
数据整合能力	B6	3.76	4.00	0.831	-0.690	0.197	0.285	0.239
	B7	3.61	3.00	0.820	-0.491	0.197	-0.403	0.239
	B8	3.59	4.00	0.772	-0.508	0.197	-0.155	0.239
	B9	3.23	3.00	0.854	-0.499	0.197	0.374	0.239
	B10	3.08	4.00	0.941	-0.603	0.197	0.221	0.239
深度分析与洞察能力	B11	3.43	3.00	0.850	-0.510	0.197	-0.030	0.239
	B12	3.77	4.00	0.896	-0.708	0.197	0.471	0.239
	B13	3.46	4.00	0.902	-0.811	0.197	0.946	0.239
	B14	3.88	4.00	0.915	-0.524	0.197	0.231	0.239
	B15	3.72	3.00	0.942	-0.436	0.197	-0.504	0.239
	B16	3.84	4.00	0.850	-0.525	0.197	-0.353	0.239
	B17	3.81	4.00	0.916	-0.701	0.197	0.350	0.239

表 4-7　　商业模式创新的特征值

维度	题项	均值	中位数	标准差	斜度		峰度	
					统计量	标准误	统计量	标准误
商业模式创新	C1	3.92	4.00	0.760	-0.374	0.197	0.315	0.239
	C2	3.88	4.00	0.751	-0.596	0.197	0.882	0.239
	C3	3.74	3.00	0.773	-0.552	0.197	0.560	0.239
	C4	3.93	4.00	0.765	-0.571	0.197	0.477	0.239
	C5	3.89	4.00	0.748	-0.588	0.197	0.821	0.239

三、量表的信度检验

一般通过 Cronbach's α 系数来衡量量表的信度。当 Cronbach's α 系数大于

0.5 时，表明量表具有较高的信度；当 Cronbach's α 系数小于 0.35 时，表示量表处于较低的信度水平，应当拒绝。运用 SPSS 18.0 对本研究所用的量表进行信度检验，信度分析结果如表 4 - 8 所示。由表 4 - 8 可知，3 个关键变量及其各子维度变量的 Cronbach's α 系数值均大于 0.50，量表整体 Cronbach's α 系数值为 0.885，大于 0.50。具体来说，学习导向的 Cronbach's α 系数值为 0.916，3 个因子变量的 Cronbach's α 系数值依次为 0.844、0.792、0.836；大数据能力的 Cronbach's α 为 0.893，3 个因子变量数据感知识别能力、数据整合能力、深度分析与洞察能力的 Cronbach's α 系数值分别为 0.797、0.881、0.764；商业模式创新的 Cronbach's α 系数值为 0.801。因此，本研究所开发量表的内部一致性水平可以接受，具有较高的信度，适合做后续的数据分析。

表 4 - 8　　信度检验结果

研究变量	变量因子	测量题项数	各因子 Cronbach's α 系数值	分量表 Cronbach's α 系数值	总量表 Cronbach's α 系数值
学习导向	学习承诺	6	0.844	0.916	0.885
	共享愿景	6	0.792		
	开放心智	6	0.836		
大数据能力	数据感知识别能力	5	0.797	0.893	
	数据整合能力	5	0.881		
	深度分析与洞察能力	7	0.764		
商业模式创新	—	5	—	0.801	

四、量表的效度检验

效度主要包括内容效度和构建效度。首先，从内容效度看，本研究尽可能采取已有成熟的量表作为始量表。学习导向的量表借鉴了国内外已经使用过的成熟量表，因此具有较好的内容效度。新开发的大数据能力和商业模式创新测量量表，则是在前人量表的基础之上进行改进而产生的，量表开发过程符合规范的问卷开发程序，通过文献研究、企业访谈、与专家学者交流等方式进行提炼，在形成初始问卷后在一定范围内进行了预调查，经过反复修正后形成正式问卷，从而保障问卷的内容效度。为了进一步提升本研究的科学性和严谨性，利用探索性因子分析（EFA）和验证性因子分析（CFA）对构建效度进行测量。

1. 探索性因子分析

在进行因素分析前，研究者对数据的因素结构并未有任何预期或者立场，而是通过统计量据分析因素的结构，此种分析方法带有一种尝试错误的意味，因此被称为探索性因子分析。KMO 样本测度和 Bartlett 球体检验作为探索性分析的先行步骤，用以判断变量是否适合做因子分析。如果 KMO 在 0.9 以上，表明非常适合；在 0.8 ~0.9，表明很适合；在 0.7 ~0.8，表明适合；在 0.6 ~0.7，表明不太适合；在 0.5 ~0.6，表明很勉强；在 0.5 以下，表明不适合。如果 Bartlett 球体检验卡方的统计值具有统计意义上的显著性则可进行后续的因子分析。探索性因子分析的过程如下：（1）以特征值大于 1 为提取标准，选择主成分分析法提取因子，并使用方差最大法旋转因子，去掉因子载荷小于 0.5 的题项；（2）当所有题项的因子载荷都位于 0.5 之上，且因子的累积解释比例大于 50% 时，表示量表具有良好的效度。

（1）学习导向的探索性因子分析。利用 SPSS 软件对学习导向进行 KMO 样本测度和 Bartlett 球体检验，得到 KMO 值为 0.866，大于对应的参考值，Bartlett 统计值的显著性概率 p 为 0.000，小于 0.001，表明样本数据很适合做因子分析。而后对学习导向进行探索性因子分析，所得结果如表 4 –9 所示。在探索性因子分析的过程中，选择利用主成分分析法进行因子的提取，提取标准为特征值大于 1，数据分析的结果表明有 3 个因子的特征值大于 1，其特征值分别为 6.301、3.402、1.153。这 3 个因子的解释变异量百分比分别是 49.216%、22.701%、7.344%，3 个因子的累积解释变异量百分比为 79.261%，每个测量题项经正交旋转之后的因子载荷都大于 0.5。所以，学习导向的维度构成和维度内部的题项组成与基于文献构建的模型思路基本一致，表明量表具有良好的题项设计。

（2）大数据能力的探索性因子分析。利用 SPSS 软件对大数据能力进行 KMO 样本测度和 Bartlett 球体检验，得到 KMO 值为 0.837，大于 0.70 的建议值，Bartlett 统计值的显著性概率 p 为 0.000，小于 0.001，说明样本数据适合做因子分析。而后对大数据能力进行探索性因子分析，所得结果如表 4 –10 所示。其中，大数据能力的探索性因子分析遵循规范化的分析过程，结果表明：特征值大于 1 的因子有 3 个，且其特征值分别为 8.211、3.037、1.439。从表 4 –10 可知，这 3 个因子的解释变异量百分比分别是 47.008%、17.312%、9.651%，3 个因子的累积解释变异量百分比为 73.971%，每个测量题项经旋转后的因子载荷都大于 0.5。所以，大数据能力的维度组成以及维度内部的题项达到了模型构建的要求，大数据能力量表具有良好的题项设计。

表 4-9　　学习导向的探索性因子分析

因　子	题　项	成　份		
		1	2	3
学习承诺	A1	0.126	0.163	0.883
	A2	0.210	0.255	0.706
	A3	0.073	0.147	0.812
	A4	0.237	0.088	0.755
	A5	0.169	0.137	0.830
	A6	0.294	0.106	0.701
共享愿景	A7	0.881	0.109	0.113
	A8	0.793	0.227	0.208
	A9	0.759	0.093	0.195
	A10	0.781	0.231	0.143
	A11	0.809	0.080	0.077
	A12	0.742	0.141	0.042
开放心智	A13	0.233	0.877	0.144
	A14	0.116	0.780	0.056
	A15	0.285	0.675	0.233
	A16	0.101	0.694	0.310
	A17	0.087	0.768	0.082
	A18	0.166	0.721	0.166
解释变异量百分比		49.216%	22.701%	7.344%
累积解释变异量百分比		49.216%	71.917%	79.261%

（3）商业模式创新的探索性因子分析。利用 SPSS 软件对商业模式创新进行 KMO 样本测度和 Bartlett 球体检验，得到 KMO 值为 0.866，大于参考值 0.70，Bartlett 统计值的显著性概率 p 为 0.000，小于 0.001，说明样本数据适合进行因子分析。而后进行探索性因子分析，结果只得到一个主成份，该主成份的特征值为 3.708，因子方差解释率为 71.972%。由于只得到一个主成份，所以无法进行正交旋转，未经旋转的因子载荷系数如表 4-11 所示。从表 4-11 中数据可知，商业模式创新量表具有良好的题项设计。

表 4 – 10　　大数据能力的探索性因子分析

因　子	题　项	成　份		
		1	2	3
数据感知识别能力	B1	0.863	0.208	0.131
	B2	0.755	0.173	0.360
	B3	0.814	0.077	0.182
	B4	0.830	0.162	0.267
	B5	0.791	0.150	0.115
数据整合能力	B6	0.053	0.124	0.786
	B7	0.176	0.109	0.707
	B8	0.062	0.138	0.819
	B9	0.110	0.091	0.764
	B10	0.067	0.183	0.798
深度分析与洞察能力	B11	0.092	0.807	0.105
	B12	0.104	0.812	0.183
	B13	0.216	0.760	0.154
	B14	0.177	0.738	0.170
	B15	0.231	0.811	0.068
	B16	0.250	0.835	0.077
	B17	0.169	0.768	0.169
解释变异量百分比		47.008%	17.312%	9.651%
累积解释变异量百分比		47.008%	64.320%	73.971%

表 4 – 11　　商业模式创新的探索性因子分析

因　子	题　项	成　份
		1
商业模式创新	C1	0.788
	C2	0.805
	C3	0.849
	C4	0.760
	C5	0.834
解释变异量百分比		71.972%
累积解释变异量百分比		71.972%

2. 验证性因子分析

为了进一步对各变量的效度进行检验，本研究对学习导向、大数据能力以及商业模式创新进行验证性因子分析。研究者可能在研究之初已经提出关于某种特定结构关系的假设。例如，某一概念的测量问卷由数个不同子量表构成。此时因素分析被用来检验数据的模式是否与研究者所预期的形式相同，这种就是验证性因子分析。本研究将利用验证性因子分析对构建效度进行检验。构建效度包括收敛效度和区分效度。

（1）学习导向的验证性因子分析。在本研究中学习导向由3个子维度构成，每个维度均包含6个测量题项，基于此可以形成学习导向的结构方程模型。利用Amos分析软件对学习导向的测量模型进行分析，可以得到学习导向的基本拟合指标，通过这些基本指标值对学习导向的测量模型的适用性和拟合度进行判断。一般来说，模型的基本拟合指标包括 χ^2/df、RMSEA、GFI、IFI、NNFI、CFI等，各个指标都设定了相应的参考值，如果各个指标都达到了参考值的要求，就可以初步判断模型具有良好的拟合度和适用性。学习导向测量模型的各项拟合指标值分别为：χ^2/df为1.603，小于参考值3；RMSEA为0.048，小于参考值0.08；GFI为0.933，IFI为0.940，NNFI为0.921，CFI为0.936，都超过了0.90的参考值，故学习导向的测量模型与样本数据拟合度较高。

关于收敛效度，一般可以通过以下3个指标进行评估：①标准化因子载荷。要求所有标准化的因子载荷大于0.50；②组合信度（Construct Reliability）简称CR，要求大于最低值0.70；③平均提取方差（Average Variance Extracted），简称AVE。最低临界值为0.50。学习导向以及其3个子维度的上述指标值如表4－12所示。从表中可知，各题项的标准化因子载荷量都大于0.50；学习导向的组合信度为0.927，其3个子维度的组合信度分别为0.894、0.868、0.885，均大于最低临界值0.70；学习导向的平均提取方差为0.757，其3个子维度的平均提取方差分别为0.658、0.724和0.766，满足大于0.50的要求。综上可知，本研究所使用的学习导向量表具有较好的收敛效度。

关于区分效度的检验，一般将因子本身的平均提取方差（AVE）值的算术平方根与该因子和其他因子相关系数的绝对值进行比较。如果前者大，表示不同变量的测量指标之间具有明显的区分效度。经Amos 17.0分析可以得到学习导向各因子变量之间的相关系数，学习承诺与共享愿景、学习承诺与开放心智、共享愿景与开放心智之间的相关系数分别为0.652、0.783、0.704，而3个因子的AVE的算术平方根分别是0.811、0.851、0.875，可见3个因子AVE

的算术平方根都大于该因子与其他因子的相关系数。因而，学习导向各子维度之间具有良好的区分效度。

表 4－12　　学习导向收敛效度的检验

<table>
<tr><th>变量</th><th>变量因子</th><th>题项</th><th>标准化因子负荷量（λ）</th><th>误差变异量（δ）</th><th colspan="2">组合信度（CR）</th><th colspan="2">平均提取方差（AVE）</th></tr>
<tr><td rowspan="18">学习导向</td><td rowspan="6">学习承诺</td><td>A1</td><td>0.734</td><td>0.461</td><td rowspan="6">0.894</td><td rowspan="18">0.927</td><td rowspan="6">0.658</td><td rowspan="18">0.757</td></tr>
<tr><td>A2</td><td>0.801</td><td>0.359</td></tr>
<tr><td>A3</td><td>0.735</td><td>0.460</td></tr>
<tr><td>A4</td><td>0.798</td><td>0.513</td></tr>
<tr><td>A5</td><td>0.826</td><td>0.318</td></tr>
<tr><td>A6</td><td>0.692</td><td>0.521</td></tr>
<tr><td rowspan="6">共享愿景</td><td>A7</td><td>0.713</td><td>0.492</td><td rowspan="6">0.868</td><td rowspan="6">0.724</td></tr>
<tr><td>A8</td><td>0.727</td><td>0.471</td></tr>
<tr><td>A9</td><td>0.728</td><td>0.470</td></tr>
<tr><td>A10</td><td>0.733</td><td>0.463</td></tr>
<tr><td>A11</td><td>0.758</td><td>0.425</td></tr>
<tr><td>A12</td><td>0.683</td><td>0.534</td></tr>
<tr><td rowspan="6">开放心智</td><td>A13</td><td>0.668</td><td>0.554</td><td rowspan="6">0.885</td><td rowspan="6">0.766</td></tr>
<tr><td>A14</td><td>0.759</td><td>0.424</td></tr>
<tr><td>A15</td><td>0.737</td><td>0.457</td></tr>
<tr><td>A16</td><td>0.806</td><td>0.350</td></tr>
<tr><td>A17</td><td>0.788</td><td>0.379</td></tr>
<tr><td>A18</td><td>0.743</td><td>0.448</td></tr>
</table>

（2）大数据能力的验证性因子分析。在本研究中，大数据能力被分为 3 个维度。数据感知设别能力、数据整合能力、深度分析与洞察能力分别包含 5 个、5 个、7 个测量题项。利用 Amos 分析软件对大数据能力的测量模型进行分析，可以得到大数据能力的基本拟合指标，各指标值如下：χ^2/df 为 1.705，小于参考值 3；RMSEA 为 0.061，小于参考值 0.08；GFI 为 0.926，IFI 为 0.958，NNFI 为 0.963，CFI 为 0.957，都大于参考值 0.90，故大数据能力的测量模型与样本数据具有较高的契合度。

大数据能力测量模型收敛效度的检验相关指标值如表 4－13 所示。从表 4－13 中可知，各题项的标准化因了载荷量都大于 0.50，大数据能力的组合信度为0.858，其3个子维度的组合信度分别为0.856、0.887、0.891，均大于最低临界值0.70；大数据能力的AVE为0.704，其3个子维度的AVE依次为0.643、0.712、0.668，满足大于0.50的要求。综上可知，本研究所使用的大数据能力量表具有较好的收敛效度。

表4-13　大数据能力收敛效度的检验

变量	变量因子	题项	标准化因子负荷量（λ）	误差变异量（δ）	组合信度（CR）		平均提取方差（AVE）	
大数据能力	数据感知识别能力	B1	0.723	0.477	0.856	0.858	0.643	0.704
		B2	0.776	0.398				
		B3	0.753	0.433				
		B4	0.748	0.440				
		B5	0.680	0.538				
	数据整合能力	B6	0.791	0.374	0.887		0.712	
		B7	0.748	0.440				
		B8	0.802	0.357				
		B9	0.776	0.398				
		B10	0.794	0.370				
	深度分析与洞察能力	B11	0.763	0.418	0.891		0.668	
		B12	0.749	0.439				
		B13	0.791	0.374				
		B14	0.784	0.385				
		B15	0.780	0.392				
		B16	0.696	0.516				
		B17	0.708	0.499				

根据Amos的分析结果，数据感知识别能力、数据整合能力、深度分析与洞察能力两两之间的相关系数分别是0.670、0.714、0.752，而3个因子的AVE算术平方根分别是0.802、0.844、0.817，可见3个因子AVE的算术平方根均大于该因子与其他因子的相关系数。因此，大数据能力各子维度之间具有良好的区分效度。

（3）商业模式创新的验证性因子分析

在本研究中，商业模式创新为单维度变量，一共5个测量题项。商业模式创新的基本拟合指标概况如下：χ^2/df 为1.638，小于参考值3；RMSEA为

0.048，小于参考值0.08；GFI为0.942，IFI为0.919，NNFI为0.963，CFI为0.955，均大于参考值0.90。因此，商业模式创新的测量模型与样本数据具有较高的拟合度。

与商业模式创新收敛效度检验有关的指标值如表4－14所示。表中数据显示，各题项的标准化因子负荷量都大于0.50；商业模式创新的组合信度为0.866，大于临界值0.70；商业模式创新的AVE为0.575，大于临界值0.50，所以本研究所使用的商业模式创新量表具有较好的收敛效度。由于商业模式创新在本研究中被当作单维度变量，所以在此不需对商业模式创新的内部结构进行区分效度的检验。

表4－14 商业模式创新收敛效度的检验

变量	题项	标准化因子负荷量（λ）	误差变异量（δ）	组合信度（CR）	平均提取方差（AVE）
商业模式创新	C1	0.770	0.407	0.866	0.575
	C2	0.736	0.458		
	C3	0.821	0.326		
	C4	0.694	0.518		
	C5	0.728	0.470		

五、整体结构方程模型分析

本研究的研究模型是关于学习导向、大数据能力以及商业模式创新之间的相互影响关系。其中，学习导向、大数据能力均是多维度变量，均由3个子维度变量构成。本研究采用结构方程的路径分析方法对假设模型进行检验。在进行具体的路径分析和假设检验之前，先对整体模型的适用性和拟合程度进行初步检验和判断，具体步骤如下：

第一，依据结构方程建模的规则，建立本研究的研究模型，经简化之后的整体模型（即减去各个测量题项的模型）如图4－2所示。

第二，建立模型之后，再利用SEM分析软件Amos 17.0对本研究的理论模型进行分析，得到模型的初步拟合结果，从而对理论模型的拟合度有整体上的判断。经Amos 17.0分析所得的理论模型各项拟合指标如表4－15所示。在该模型中，χ^2/df为1.932，小于参考值3；RMSEA为0.063，小于参考值0.08；GFI为0.951，IFI为0.933，NNFI为0.924，CFI为0.937，均大于参考值0.90，所以这些指标都达到了各自应有的标准。因此，可初步认为本研究的理论模型是一个拟合较好的模型。

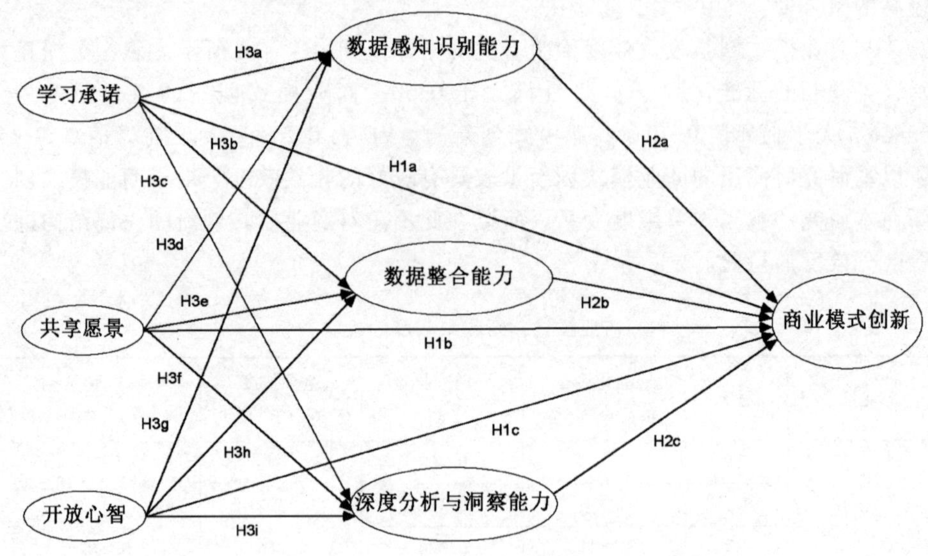

图4－2　简化的结构方程模型

表4－15　　模型的拟合指数

指标名称	χ^2/df	RMSEA	GFI	IFI	NNFI	CFI
指标值	1.932	0.063	0.951	0.933	0.924	0.937
参考值	<3	<0.08	>0.9	>0.9	>0.9	>0.9

六、路径分析与假设检验

学习导向、大数据能力是本研究中的关键变量，但由于其是多维度变量，所以对其的研究主要集中在对其细分子变量的研究上。因此，在本研究的理论模型中共包含7个研究变量，共40个观测指标。其中，学习导向的3个组成维度构成3个外生变量，分别为学习承诺、共享愿景、开放心智，每个变量包含6个测量题项；大数据能力的3个组成维度构成3个“中间变量”，这3个变量既作为其他外生变量的“果”，又是其他内生变量的“因”，这3个变量相对应的测量题项数目依次为5个、5个、7个。商业模式创新作为内生变量，在本研究中，商业模式创新被视为单维度变量，包含5个测量题项。基于这7个变量，形成本研究模型中的15条路径及相应的假设，利用Amos软件对模型进行分析，得到的路径系数以及假设检验结果如表 4－16 所示。表 4－16 中列出了各条路径的标准化回归系数、T 值和假设检验结果。其中，T 值也就是 Amos 分析结果中的临界比值（Critical Ratio，CR），CR 等于参数估计值与估计值标准误之比。从表 4－16 的模型拟合结果可知，在 15 条路径中，有 7 条路径的 T 值（即临界比值）绝对值大于 3.29 的参考值，达到 0.001 的显著水平；有 1 条路径的 T 值绝对值大于 2.6 的参考值，达到 0.01 的显著水平；有 5 条路径的 T 值绝对值大于 1.96 的参考值，达到 0.05 的显著水平；有 2 条路径的 T 值绝对值小于 1.96 的参考值，没有通过检验。

表 4－16　　理论模型的路径系数及假设验证表

假设	路径	路径系数	T 值	假设检验结果
H1a	学习承诺→商业模式创新	0.372	9.710	在 0.001 的水平上显著
H1b	共享愿景→商业模式创新	0.350	6.683	在 0.001 的水平上显著
H1c	开放心智→商业模式创新	0.463	5.606	在 0.001 的水平上显著
H2a	数据感知识别能力→商业模式创新	0.711	－8.234	在 0.001 的水平上显著
H2b	数据整合能力→商业模式创新	0.412	7.698	在 0.001 的水平上显著
H2c	深度分析与洞察能力→商业模式创新	0.504	9.427	在 0.001 的水平上显著
H3a	学习承诺→数据感知识别能力	0.563	－2.273	在 0.05 的水平上显著
H3b	学习承诺→数据整合能力	0.497	－2.189	在 0.05 的水平上显著
H3c	学习承诺→深度分析与洞察能力	0.756	－2.839	在 0.01 的水平上显著
H3d	共享愿景→数据感知识别能力	0.803	2.305	在 0.05 的水平上显著
H3e	共享愿景→数据整合能力	0.501	2.244	在 0.05 的水平上显著
H3f	共享愿景→深度分析与洞察能力	－0.072	1.170	不显著
H3g	开放心智→数据感知识别能力	0.435	－4.108	在 0.001 的水平上显著
H3h	开放心智→数据整合能力	0.544	－2.231	在 0.05 的水平上显著
H3i	开放心智→深度分析与洞察能力	－0.278	－1.502	不显著

此外，本研究还涉及中介效应的检验。在本研究提出了假设 H4，认为大数据能力在学习导向与商业模式创新的关系中具有中介影响效应。直接效果是某一变量对另一变量的直接影响。例如，本研究提出的学习导向对大数据能力的直接影响。间接效果是变量通过某一中介变量对另一变量产生的影响。例如，本研究提出的学习导向通过大数据能力对商业模式创新产生的影响。总效果为直接效果与间接效果之和。关于中介效应的检验，通常的规则是将直接效

果与间接效果进行比较，如果直接效果比间接效果大，表示中介变量没有影响力；如果直接效果比间接效果小，表明中介变量在其中发挥了作用。因此，为了检验大数据能力的中介效应，本研究建立了如图 4 - 3 的模型。该模型包含 3 个变量，分别为学习导向、大数据能力以及商业模式创新，将相应的测量数据导入模型中进行分析检验。

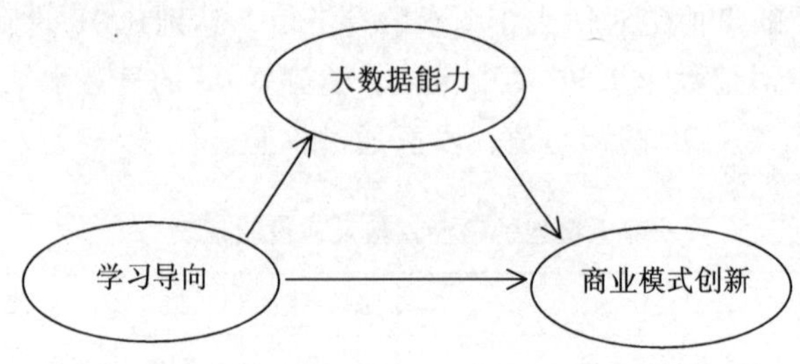

图 4 - 3　中介效应检验模型

经过结构方程分析得到的拟合结果如表 4 - 17 所示。从表中可知，该模型的各项指标值如下：χ^2/df 为 1.836，小于参数值 3，RMSEA 为 0.062，小于参考值 0.08，GFI 为 0.955，IFI 为 0.919，NNFI 为 0.927，CFI 为 0.960，均大于参考值 0.90，各指标值均符合要求。因此，该模型通过了检验，具有良好的拟合度。

表 4 - 17　　中介效应模型的拟合指标

指标名称	χ^2/df	RMSEA	GFI	IFI	NNFI	CFI
指标值	1.836	0.062	0.955	0.919	0.927	0.960
参考值	<3	<0.08	>0.9	>0.9	>0.9	>0.9

本研究从 Amos 17.0 的分析结果中简要提取了变量之间的直接影响效应和间接影响效应（如表 4 - 18 所示）。从表中可知，学习导向对商业模式创新的直接影响效应为 0.781，大数据能力对商业模式创新的直接影响效应为 0.662；根据间接效应的计算规则，学习导向通过大数据能力对商业模式创新的影响等于学习导向对大数据能力的直接影响效应与大数据能力对商业模式创新的直接影响效应之积。因此，学习导向通过大数据能力对商业模式创新的影响效应为 0.929（1.403 × 0.662）。将上述直接效应与间接效应进行比较，可以发现学习导向对商业模式创新的直接影响效应 0.781 小于学习导向对商业模式创新的间接影响效应 0.929，由此我们可以得出大数据能力能够在学习导向与商业模式创新的关系中发挥中介影响作用。

表 4-18 间接（中介）效应检验结果

效应类型	结果变量	学习导向	大数据能力	商业模式创新
直接效应	大数据能力	1.403	0.000	0.000
	商业模式创新	0.781	0.662	0.000
间接效应	大数据能力	0.000	0.000	0.000
	商业模式创新	0.929	0.000	0.000

将上述结构方程模型路径分析以及中介效应检验的结果进行汇总，可以得到各个假设检验的结论。假设 H1 的 3 个子假设 H1a、H1b、H1c 均得到支持，从中可以看出学习导向对商业模式创新具有显著的正向影响，即假设 H1 随之得到支持；假设 H2 的 3 个子假设 H2a、H2b、H2c 也都得到验证，因此大数据能力对商业模式创新具有显著的正向影响，假设 H2 也得到支持；假设 H3 的子假设中有 H3f、H3i 2 个子假设没有得到支持，说明假设 H3 只能得到样本数据的部分支持。本研究建立了学习导向、大数据能力以及商业模式创新之间的结构方程模型以帮助对大数据能力的中介效应即假设 H4 进行检验，结果是假设 H4 得到数据的支持，大数据能力在学习导向与商业模式创新关系中起到一定的中介作用。以下将各个假设检验结果整理如表 4-19 所示。

表 4-19 本研究假设验证结果汇总

假设	假设具体描述	验证结论
H1	学习导向对商业模式创新具有显著的正向影响	支持
H1a	学习承诺对商业模式创新具有显著的正向影响	支持
H1b	共享愿景对商业模式创新具有显著的正向影响	支持
H1c	开放心智对商业模式创新具有显著的正向影响	支持
H2	大数据能力对绿色食品企业商业模式创新具有显著的正向影响	支持
H2a	数据感知识别能力对绿色食品企业商业模式创新具有显著的正向影响	支持
H2b	数据整合能力对绿色食品企业商业模式创新具有显著的正向影响	支持
H2c	深度分析与洞察能力对绿色食品企业商业模式创新具有显著的正向影响	支持
H3	学习导向对绿色食品企业大数据能力具有显著的正向影响	部分支持
H3a	学习承诺对绿色食品企业数据感知识别能力的正向影响	支持
H3b	学习承诺对绿色食品企业数据整合能力的正向影响	支持
H3c	学习承诺对绿色食品企业深度分析与洞察能力的正向影响	支持
H3d	共享愿景对绿色食品企业数据感知识别能力的正向影响	支持
H3e	共享愿景对绿色食品企业数据整合能力的正向影响	支持
H3f	共享愿景对绿色食品企业深度分析与洞察能力的正向影响	不支持
H3g	开放心智对绿色食品企业数据感知识别能力的正向影响	支持
H3h	开放心智对绿色食品企业数据整合能力的正向影响	支持
H3i	开放心智对绿色食品企业深度分析与洞察能力的正向影响	不支持
H4	大数据能力在学习导向与商业模式创新的关系中起到中介作用	支持

第六节 对实证检验结果的讨论与分析

一、学习导向与商业模式创新的关系

关于学习导向概念的界定、维度的划分以及测量量表，本研究均借鉴前人成熟的理论和研究成果。本研究关于学习导向与商业模式创新关系的研究假设共有3个，并以绿色食品企业作为调查样本进行实证分析与检验，实证分析结果表明，学习导向的3个子维度（即学习承诺、共享愿景以及开放心智）均对商业模式创新有显著的正向影响。在绿色食品企业认定的过程中，研发人员所占比例、研发费用比例、企业专利数等成为其认定的标准，这更加表明绿色食品企业知识密集、技术密集的特征，企业内部的学习氛围和能力，企业对待新事物、新思想的理念和价值观是其能够持续发展与创新的关键所在。董保宝等（2014）在其研究中提到，对于绿色食品企业来说，更应该强调学习，促使员工开放心智，兼容并蓄，不断地从外部获取新的信息和知识，积极响应外部市场和客户需求的变化。此外，大数据时代下，一些传统的观念、解决问题的方式等受到挑战，大数据带来了新的思维、理念和方法论，所以企业内部的高学习导向显得更为重要和必要。绿色食品企业通过将学习视为其运行与发展的基本价值观，基于内部一致认可的目标与愿景，塑造勇于突破传统、多视角看待问题的思维方式，有助于帮助企业保持竞争力，有助于不断获取新的创新来源，带来绿色食品企业技术创新能力、产品或服务创新能力、营销能力等的提升；也有助于促进绿色食品企业商业模式的创新，促进绿色食品企业的持续性发展甚至是跳跃式发展。

二、大数据能力与商业模式创新的关系

大数据能力是基于大数据的时代背景而产生的并受到一些企业家和学者的密切关注和重视，但目前为止它仍然是一个较新的概念，学术界对大数据能力的研究也才刚刚起步。对大数据能力概念的界定学术界尚未达成一致。本研究基于动态能力理论、大数据相关理论和实践等对大数据能力进行了探索性研究。首先，对大数据能力进行了概念的界定以及维度的划分，包括数据感知识

别能力、数据整合能力以及深度分析与洞察能力 3 个维度。其次，针对各个维度开发了相应的量表，以期通过实证的方式探索其与学习导向、商业模式创新之间的交互关系。本研究以绿色食品企业作为样本数据的来源，以大数据作为研究的基本背景，而且样本数据多集中在经济发达地区，这些地区的大数据应用相对成熟，能够体现出大数据的时代特征。在针对所收集的数据进行具体的实证分析之前，先对本研究所开发的关于大数据能力的理论模型与测量量表进行了信度与效度分析。结果表明其具有良好的信度与效度。在本研究的理论模型中，包含了大数据能力的 3 个子维度与商业模式创新之间的关系假设，本研究的实证分析结果表明大数据能力的 3 个子维度均对商业模式创新有显著的正向影响。

近年来，政府和企业等逐渐认识到大数据的商业价值，零售、金融、旅游、通信、物流、公共管理等领域出现了越来越多的关于大数据的创新性应用，中国大数据市场发展速度明显加快、市场规模逐渐扩大。大数据的快速发展催生了大数据产业链的形成，从数据收集到数据应用等数据生命周期的各个环节均涌现出了一些成功的公司，这些大数据厂商通过自身的大数据技术以及所具备的行业和业务知识创造出独具特色的大数据产品或服务。例如，租售数据业务、数据存储租用、数据增值服务和技术服务等，提高了企业的竞争力，强化了竞争优势，从而成功跻身于大数据产业链。在大数据产业链之外，一些企业凭借生产经营过程中积累的大数据相关资源或者技术来开拓针对企业实践情况的大数据应用。例如，将大数据用于提升生产运营效率，辅助企业进行客户管理或者精准营销，为管理者提供决策支持等，并进一步渗透到大数据产业链，将这些大数据应用商品化，使其成为企业一项重要的收入来源。在企业应用大数据、基于大数据进行商业模式创新的过程，企业大数据能力的构建和培育是必不可少的，大数据能力的高低是这些应用模式能否成功并带来价值的关键所在。绿色食品企业通过发现、辨识不同数据源数据的价值，挖掘、激励并培育出优秀的大数据人才，学习、引入先进的大数据技术，进行进一步的数据资源的整合和预处理，技术体系的整合、创新与开发等；之后利用这些大数据技术进行数据的分析、挖掘以及可视化，从中获得有价值的信息和知识，并将其应用于生产经营实践中或者将大数据的相关应用和某些环节产品化、服务化，为企业探索出新的盈利模式等。通过以上这些途径和方式逐步形成并提升绿色食品企业的大数据能力，从而帮助绿色食品企业抓住大数据带来的机遇，进行商业模式的创新。

三、学习导向与大数据能力的关系

本研究认为学习导向会对绿色食品企业大数据能力的构建和培育产生显著影响，并建立了学习导向各个维度与大数据能力各个维度之间的关系假设。相关研究假设一共有9个，实证分析结果验证了其中的7个，有2个未得到支持。具体来说，学习承诺、共享愿景以及开放心智对数据感知识别能力、数据整合能力均有显著的正向影响；学习承诺对深度分析与洞察能力有显著的影响；共享愿景和开放心智对深度分析与洞察能力均没有显著的正向影响。从检验结果可以看出，企业的学习价值观对大数据的识别、引入到应用的各个阶段均会产生一定的作用，即其对大数据能力培育过程中的每个阶段都会产生显著的正向影响。组织内部清晰一致的目标和愿景、鼓励创新及突破传统的氛围有利于数据感知识别能力、数据整合能力的构建和培育，但是深度分析与洞察能力的形成却不受到它们的影响。原因可能在于，深度分析与洞察能力相对于数据感知识别能力、数据整合能力而言是一种更深、更高级别的能力，它的形成是以数据感知识别能力、数据整合能力为基础的。所以学习导向的某些维度对它的直接作用效果并不是那么显著，而是通过作用于数据感知识别能力、数据整合能力进而对深度分析与洞察能力产生间接影响。

有学者提出动态能力是一种层次性的能力。作为大数据背景下的一种动态能力——大数据能力，其内部各个维度之间也可能存在某种相互影响关系。例如，相对于数据感知识别能力、数据整合能力而言，深度分析与洞察能力是一种更高层次的能力，它需要以前面两者为基础。类似于量变引起质变的逻辑过程，数据感知识别能力和数据整合能力的积累可以看成是量的积累，当量累积到一定程度则会带来质的改变，即深度分析与洞察能力的提升。深度分析与洞察能力的提升又在一个新的层面上激发数据感知识别能力和整合能力的积累。这一过程重复进行，推进动态能力的不断演化。而且，深度分析与洞察能力作为一种更高层次的能力，它的形成需要结合企业的业务实践，受到多种因素的影响。例如，管理者认知、决策机制、企业规模、主营业务的范围和领域等。综合上述原因，使得学习导向的某些维度对深度分析与洞察能力的影响没有达到显著性水平，绿色食品企业学习导向对大数据能力的影响主要体现在对数据感知识别能力以及数据整合能力的影响上。

四、大数据能力的中介效应

本研究认为在学习导向与商业模式创新的关系中，大数据能力起到一定的中介作用，故提出假设 H4。实证分析结果验证了假设 H4 即大数据能力在学习导向与商业模式创新的关系中起到一定中介作用。一方面，大数据能力的构建和培育是大数据背景下绿色食品企业成功进行商业模式创新的必要环节。作为大数据时代下的一种动态能力，大数据能力可以帮助企业不断地对大数据相关资源进行识别、整合、更新及利用，使大数据持续地为企业带来效率的提升以及价值的增值。马建光等（2013）在其研究中提到，拥有大规模数据本身并没有意义，只有针对特定的应用分析这些数据，提取其中蕴藏的信息和知识，海量数据才能带来价值。由此我们可以作如下推论：企业大数据能力的培育状况是大数据的商业价值能否被企业挖掘和利用的关键所在。另一方面，大数据能力的形成有赖于绿色食品企业内部的学习导向。大数据带来了资源环境、需求环境和技术环境的变化，带来了思维及理念的变革，使人们能够以一种新的视角看待问题、采用新的方法解决问题。而学习导向作为绿色食品企业精神和文化层面的概念，组织内部的高学习导向将会推进大数据从被引入到被应用的整个进程，从而促进大数据能力的提升。以上本研究从商业模式创新往回倒推至学习导向，可以得出如下的一条关系路径，即学习导向→大数据能力→商业模式创新。故本研究所提出的大数据能力在绿色食品企业学习导向与商业模式创新之间的中介效应不仅有理论上的依据，也得到了实证数据的支持。

第五章

黑龙江省绿色食品企业基于大数据的商业模式创新研究

第一节 黑龙江省绿色食品产业的发展现状与问题分析

一、黑龙江省绿色食品产业的发展历程

绿色食品指的是有特定生产方式，经国家有关的权威机构认定，准许使用绿色食品标志的无污染、无公害、优质、营养型的食品。20 世纪 90 年代初，中国开始发展绿色食品。中国绿色食品的发展历程可分为以下 3 个阶段：第一阶段为基础设施建设阶段。1990 年，农垦系统正式实施绿色食品工程，3 年内完成了一系列基础建设工作，包括设立专门机构和质量检测系统、制定技术标准、颁布绿色食品相关法律法规、对绿色食品标志进行商标注册等；第二阶段为面向全社会的加速发展阶段。主要是 1994—1996 年。这一阶段中国绿色食品产业呈现以下主要特点：（1）产品数量呈快速增长态势；（2）农业种植规模持续扩大；（3）产量增长逐渐超过产品个数增长；（4）产品结构与居民日常消费的契合度提高；（5）逐步推行县域开发等；第三阶段为市场化、社会化和国际化阶段，主要是 1997 年之后，随着中国各级政府重视程度不断提高，绿色食品受到消费者广泛关注，市场需求日益增长，媒体加大宣传，市场环境逐渐规范、产品生产规模扩大，对外交流增多，绿色食品开始走向国际化。

20世纪末至21世纪初，具有优越自然条件的黑龙江省作为农业大省依靠资源优势、政策支持以及黑龙江省绿色食品的抢先战略，较其他农业大省，率先开发绿色食品产业，取得领先地位。这一时期，黑龙江省绿色食品土地监测面积、产品个数、企业个数在全国平均占比达到21.8%、15.4%、12.6%，相比于其他省份占据了领先优势。2003年以后，随着中国人均消费水平和能力的大大提高，人们对产品质量和种类的要求不断提升，绿色食品市场需求和规模持续扩大。黑龙江省绿色食品土地监测面积、产品个数、企业个数在这一时期均有所提升。虽然黑龙江省绿色食品产业的总体规模在扩大，但相对于江苏、山东和浙江等一些农业大省，其竞争地位却有所下降。这一时期，由于黑龙江省绿色食品产业产品结构不合理，即产品附加值低、初加工产品占比较高，深加工产品占比较小，使其竞争优势逐渐弱化。而且科技支撑力不强、缺乏区域品牌优势、市场监督和管理体系不完善、营销方式落后等一些问题进一步阻碍了黑龙江省绿色食品产业的快速发展，削弱了黑龙江省绿色食品的竞争优势。仅以黑龙江省的五常大米为例，就存在品牌杂乱，质量参差不齐，产品和品牌的推广力度不足，推广方式落后等问题。五常大米是有原产地证明商标认证、产地地域保护认证、中国名牌认证3项国家级认证，但有些企业因各种原因不使用证明商标，使得五常大米品牌数量有上百个，加工企业压价竞争行为时有出现，市场秩序混乱，五常大米的区域品牌效应不能得到充分发挥。在全国绿色食品产业高速发展过程中，市场支撑要素、创新和科技等逐渐成为提高竞争力的重要因素之一，仅拥有资源优势已不能确保黑龙江省绿色食品产业的领先地位。为了强化黑龙江省绿色食品的竞争优势，必须解决科技创新及应用不足，营销手段落后，市场运行及监管体系不规范，品牌建设的切实执行与落地等突出问题。

二、黑龙江省绿色食品产业发展的整体状况

黑龙江省是生态资源大省，生态环境良好，为农业和绿色食品产业的成长与发展提供了天然保障。近年来，黑龙江省绿色食品产业总体规模不断扩大，2017年，黑龙江省粮食总产量和商品粮位于全国第一，大豆和玉米等粮食作物种植面积和产量均在全国范围内处于领先水平。截至2016年底，黑龙江省绿色有机食品种植面积达到493.33万公顷（约7400万亩），同比增长1.3%，约占黑龙江省总播种面积的1/3，约占全国总播种面积的1/5；黑龙江省绿色食品认证个数达到2000多个，比2015年底增加近600个；黑龙江省绿色食品产业牵动农户数130万户；黑龙江省绿色食品加工企业总产量达到1500多万

吨，同比增长 11.8%；实现产值 1480 亿元，比 2015 年度增长了 7.3%。2012—2016 年，黑龙江省绿色食品企业数量、产品数量、实物产量、产值以及产地监测面积的数据如表 5－1 所示。从表中可以看出，自 2012 年以来，黑龙江省绿色食品产业总体规模持续扩大，该产业已发展成为省内主导产业，其对黑龙江省经济发展做出了巨大的贡献。黑龙江省绿色食品产业除了总体市场规模稳定扩大，其他方面也取得了一些进展。例如，绿色食品加工能力不断增强、产品质量有所提升，绿色食品龙头企业的辐射带动作用不断凸显等。2017 年 9 月 22 日，黑龙江省绿色食品产业发展论坛在哈尔滨市举行，与会者共同商讨了推进黑龙江省绿色食品产业发展的政策与措施，论坛上特别强调了农产品的消费市场升级、消费者的购买力不断提高对绿色、有机和个性品牌食品的需求不断增强，应当通过合作与创新的方式抓住这一机遇。虽然近年来黑龙江省绿色食品产业取得了较大的发展，但仍然存在一些不足之处，有待加强和改进。(1) 资源和产业优势并没有完全得到发挥，例如，产品创新能力较弱，并不能很好满足消费者多样化、个性化的需求等；(2) 虽然品牌意识已经有所提高，但是在品牌建设的落地和执行过程中仍然存在一些问题。例如，产品生产标准化水平较低、市场监管体系不健全导致产品质量不一，缺乏核心优势产品，不能在消费者心中树立较高的认知感和认同感，没有有效利用互联网的大平台进行产品和品牌的宣传与推广；(3) 市场建设落后主要表现在：规范化、标准化的大型交易市场的数量少，缺乏相应的市场基础设施作为支撑。例如，没有引进现代化的自动销售管理系统、智能化的物流配送体系及供应链管理信息系统等。

表 5－1 2012—2016 年黑龙江省绿色食品产业主要发展指标变化情况

年份	企业总数（个）	产品总数（个）	实物产量（万吨）	产值（亿元）	产地监测面积（万公顷）
2012	416	1067	2750	750	408.97
2013	407	1097	2950	1020	428.67
2014	468	1171	3182	1246	448.00
2015	537	1301	3413	1600	466.98
2016	597	1459	3549	1927	480.60

资料来源：《绿色食品统计年报》、黑龙江农业信息网等。

三、黑龙江省绿色食品产业发展存在的问题分析

1. 存在的问题

近年来，黑龙江省已经建立起一批绿色食品生产基地和一批绿色食品知名品牌，这在倡导与推行绿色农业、生态农业的进程中起到示范作用。近年来，黑龙江省绿色食品企业和产品数量均呈上升趋势，政府一系列支持措施效果显著，绿色食品产业发展迅速。然而，与其他先进的省份相比，黑龙江省绿色食品产业发展过程中仍存在诸多问题，主要表现在以下几个方面：

（1）缺乏有效地宏观调控和整合，各环节之间脱节现象比较严重。由于政府对绿色食品的发展缺乏有效宏观调控及科学规划，一些企业盲目投资建厂，企业经营方式落后，对品牌的培育力度有待加强。相关的监管部门（例如，工商行政部门、食品药品监督管理部门、卫生监督部门、绿色食品行业协会等）缺乏科学协调与整合，导致对绿色食品批准审核、种植、加工及销售等环节的监管呈现混乱不规范、不能有效衔接的局面。此外，虽然黑龙江省委、省政府对绿色食品产业的扶持资金保持不断增长，但是政府每年的专项扶持资金仍显不足，资金的短缺阻碍了企业规模的扩展、技术的创新等。政府对中小绿色食品加工企业的补贴、税收优惠等支持政策没有切实落地，而且在融资方面大多数中小型绿色食品企业难以得到银行信贷支持，这也在一定程度上挫伤了企业的经营积极性。

（2）监督管理体系不规范、产品质量有待提高。目前，黑龙江省绿色食品产业的监管体系不够完善，某些法规或程序甚至存在漏洞，影响了绿色食品质量的提升。相关法律法规和政府相关部门对产品质量把控不严，对假冒伪劣行为的打击力度不够，使市场上绿色食品的质量不一，不合格、不达标产品时有出现，这些都阻碍了黑龙江省绿色食品的发展。

（3）科技水平低，产品缺乏创新。促进绿色食品产业的发展需要依靠科技水平和产品创新能力的提升。然而，当前黑龙江省绿色食品种植主要利用原始耕种方式，生产技术水平低，抵抗灾害能力较弱，不重视技术革新与改进。同时，在产品研发方面，黑龙江省绿色食品企业缺乏健全的研发体系，产品的附加值低、缺乏创新，而且更新换代慢，不能及时应对消费者需求的变化。

（4）品牌杂乱，知名品牌较少。虽然黑龙江省已经拥有北大荒、完达山、黑森等一些质量优、有较高知名度的绿色食品品牌，但在市场运行过程中管理杂乱、一品多牌现象仍然广泛存在，缺乏品牌的有效整合，无法形成规模效应

和地域优势。即使是省内的知名品牌，在全国范围内也缺乏市场竞争力，没有得到国内消费者的认知和了解，品牌影响力和知名度较低。

（5）缺乏有效的宣传和推广手段。当前，黑龙江省绿色食品企业对产品和品牌的宣传力度不够，大部分企业依然运用传统的、低效的推广手段。这种方式只注重企业单方面的信息传输，而不考虑消费者是否接收，不重视与消费者的互动以及消费者的个性特征，此种广告投放能够抵达的用户量非常有限。

2. 改进措施

在继续完善相应政策扶持的基础上，应该注意鼓励和引导绿色食品产业的技术创新，完善绿色食品社会化服务体系，致力于运用先进信息技术和现代化手段支撑和引领绿色食品产业又好又快发展。

具体地说，在监督管理体系建设方面，政府相关部门应加强对黑龙江省绿色食品的监管力度，加强对假冒伪劣行为的打击力度，对不合格、不达标产品的惩戒力度，建立科学、规范的绿色食品质量标准体系并严格执行，使黑龙江绿色食品达到高标准的要求，增强区域品牌竞争力，有效提升品牌知名度。

在宣传和推广手段建设方面，推动黑龙江省绿色食品企业主动尝试充满新意、效果显著的营销推广手段（例如，视频贴片广告，在线广告植入，电商、搜索引擎、新闻资讯等领域的精准推荐），使广告结合所抵达用户的特定属性而展示出不同的内容和效果，进而增强广告创意的针对性，达到强化广告效果的目的。

第二节 大数据时代黑龙江省绿色食品企业商业模式创新的机遇与挑战

一、大数据时代黑龙江省绿色食品企业商业模式创新面临的机遇分析

大数据为黑龙江省绿色食品企业的商业模式创新提供了重要的机遇，也为黑龙江省绿色食品企业的战略转型提供了重要机会，主要体现为以下几个方面：

1. 大数据为改善黑龙江省绿色食品企业运营效率低下提供了技术条件

针对黑龙江省绿色食品产业内部某些环节和流程存在脱节、不能有效沟通和衔接以及由此导致的整体运营效率较低的现状，通过大数据基础设施的建设可以加以改善。大数据时代下，借助大数据、传感器、物联网等先进技术建立黑龙江省绿色食品大数据采集和更新系统，对绿色食品生产、加工、物流、销售等各个环节的数据进行实时采集和更新，并建立大数据共享与分析平台，基于这个平台对收集的数据进行过滤、整合、分析与共享，确保数据资源的全面性、系统性和精确性，从而打通绿色食品全产业链上的数据，实现绿色食品生产基地到外部销售市场之间各个环节的全面对接，促进绿色食品企业主体之间的明确分工与协作融合，实现各自的资源共享和优势互补。利用远程监视、自动控制以及智能预警等实现实时数据的集成、可视化、关联信息查询和分析等，通过自动化、智能化的方式帮助提高绿色食品产业链各个环节的运营效率，改变传统的主要依靠土地、人力等资源要素的粗放式发展模式，进而迈向依靠先进技术的集约式发展模式。

2. 大数据为企业改善产品质量不一、缺乏创新等问题提供重要途径

黑龙江省绿色食品在发展过程中，存在产品质量不一、产品结构划分不合理、产品本身缺乏创新等问题，这些问题也是导致黑龙江省绿色食品难以在消费者心中形成品牌效应的原因之一。首先，利用大数据可以帮助推动绿色食品质量追溯体系建设，实现绿色食品产地可追溯、流向可跟踪、信息可搜寻、责任可追究，建立健全完善的监察、检测和监督体系，这有利于从根本上提高产品质量，使黑龙江省绿色食品达到相应的标准化要求，也有助于推进黑龙江省绿色食品品牌形象的树立和建设。其次，基于所建设的大数据平台进行数据的分析和挖掘，可以帮助企业洞察消费者现实需求和潜在需求，对现有用户进行精准细分并帮助发掘新的用户，使企业可以针对不同类型用户群的不同需求提供相对应的产品和服务，实现用户细分管理以及产品类型、结构和层次的科学规划与创新。而且，通过对销售大数据进行分析与挖掘，可以发现产品销售过程中存在的问题。例如，价格过高、包装档次低、残次品占比过多等。基于此，可以帮助企业有针对性地进行产品的改进与创新或者进行灵活动态定价等；可以发现产品之间存在的某些关联，帮助企业进行产品的组合销售或激发其他有创意的销售策略；可以预测市场的未来发展趋势，进行前瞻性的产品设计与规划等。

3. 为黑龙江省绿色食品企业基于大数据重塑品牌价值提供重要方式

目前黑龙江省绿色食品行业品牌杂乱，知名品牌较少且在全国缺乏知名度和竞争力，没有形成品牌效应。而大数据不仅可以从产品质量监控、产品设计与创新方面推动黑龙江绿色食品的品牌建设，而且可以从其他方面助力黑龙江省绿色食品品牌建设。当前，黑龙江省绿色食品行业一些产品和品牌的推广和宣传力度不够，而且相应的手段缺乏针对性和新颖性。随着消费者在互联网上越来越活跃，消费群体越来越年轻化，以及对个性化、多元化的追求等，使得企业必须改变传统的、单向的营销模式和推广手段，关注消费者的个性特征，注重发挥消费者的主动性、利用消费者之间的实时互动来推动产品和品牌的宣传。例如，依托移动互联网的发展和大数据技术，使广告的曝光率及广告投放抵达的用户呈几何倍数增长。大数据时代，通过对用户观看视频、资讯、网购、社交偏好等行为的追踪，可以提炼出产品的目标用户，并锁定这类人群精准地进行广告投放；可以借助大数据分析把握用户最关心的热点问题，由此产生更能吸引消费者眼球的营销创意，甚至产生“病毒营销”的效应。此外，利用大数据监测平台可以实时追踪广告投放效果，获得用户反馈数据，从而调整投放策略、优化广告内容，提升交互效果等。综上所述，大数据为黑龙江省绿色食品品牌的建设和推广提供了新的手段和工具，企业和政府等有关主体应当结合黑龙江省绿色食品产业的具体实践，积极探索创新性大数据应用，努力开发和建设特色品牌，并进行品牌的整合，将其在全国范围内推广，提升黑龙江省绿色食品区域品牌形象和竞争力。

4. 大数据技术为黑龙江省绿色食品企业的营销网络渠道创新提供了重要方法

从黑龙江省绿色食品产业营销渠道开发与建设的现实情况看，大部分企业都在利用已有的网络和渠道，而应用现代化营销渠道的企业则较少。此外，现有营销渠道也存在信息不畅通、各环节不能有效衔接的问题。利用大数据技术对产品从生产到销售等各个环节的数据进行采集、整合与分析，可以帮助企业更好地进行渠道管理。例如，基于对未来市场规模和发展方向的预测，通过大数据算法确定最佳的库存水平，得出各地区的最优仓储选址结果，进行运输路径规划，对各个销售渠道的成本、效益等各个指标进行横向、纵向的对比与分析，并通过可视化的方式将结果进行有效展示，帮助进行渠道的优化与整合。

二、大数据时代黑龙江省绿色食品企业商业模式创新面临的挑战分析

大数据时代，黑龙江省绿色食品企业商业模式创新面临机遇的同时也面临着巨大的挑战。当前，黑龙江省绿色食品相关产业信息基础设施落后，并且没有应用大数据的基础条件，所以必须耗费较多的资本、较长的时间进行信息化基础设施建设与改进，大数据采集、存储和分析平台的构建等。在黑龙江省大数据基础设施建设以及大数据应用过程中需要相应的信息技术人才作为支撑，而近年来由于经济不发达、制度不健全、气候寒冷等原因，中国东北地区一直存在高级人才外流的现象，使得高级技术人才比较匮乏，这也是黑龙江省绿色食品产业基于大数据进行商业模式创新面临的一个巨大挑战。此外，大数据是一种资源、一种技术和一种工具，更是一种理念上的创新和突破。因此，在引入和应用大数据过程中需要人们进行思维和理念的转变，采用新的思考和解决问题的方式。黑龙江省自然资源丰富、地域广阔，其优势产业主要集中在农业、医药行业等一些传统行业，而信息技术、移动互联网等一些高新技术行业并不发达，人们对其的认知度并不高，这可能导致大数据在黑龙江省推广和应用过程中受到人们观念上的抵制与忽视。

第三节
大数据时代黑龙江省绿色食品企业商业模式创新的对策建议

一、基于商业模式创新要素建立大数据采集、存储和共享平台

大数据时代，数据成为一种至关重要的资源，其中蕴藏着巨大的价值等待被挖掘。黑龙江省绿色食品产业为了能够应对大数据带来的机遇和挑战，必须要建立大数据采集、存储和共享平台。这一大数据平台汇集了不同环节和经营主体在运行过程中所涉及的所有人和物的信息资源，从而形成庞大的数据资源财富。在绿色食品大数据平台建设过程中，不仅需要以物联网、云计算技术为核心的农业信息化基础设施作为支撑，而且还需要在数据之间建立统一的标准和规范，涉及绿色食品产业链上下不同企业主体之间的协调与合作等。因此，

在黑龙江省绿色食品企业商业模式创新过程中，政府应该发挥相应的引导和支持作用。例如，率先将政府有关部门的数据进行共享与开放，不断加强与企业主体之间的沟通与协调，建立跨部门数据交换机制，并通过相关的模型和算法进行融合分析；制定相应的政策和措施，鼓励企业积极引进先进技术，革新落后的信息基础设施，引导企业利用互联网、大数据等信息化手段来提高生产经营的效率，实现产业链不同环节之间的数据整合与共享，给予大数据平台建设、大数据应用等有关项目适当的资金支持、税收优惠或者补贴，畅通融资渠道，积极促进企业之间的合作，把分散的主体联合起来等。通过大数据信息平台的建设以及相关政府部门、消费者和企业主体之间信息的融合，形成全面、准确的市场主体数据信息资源库，从而为大数据应用提供坚实可靠的保障。此外，大数据应用和实践还涉及理念层面的变革，需要企业突破传统解决和思考问题的方式，而黑龙江省信息化建设和应用较为落后，人们对大数据、物联网等先进技术缺乏应有的认知和理解。政府有关部门可以对其进行相应的宣传和教育，使黑龙江省绿色食品企业或其管理者了解大数据的价值、特征及潜力，培育大数据的思维和意识，从而推进大数据的实施与应用。例如，定期组织绿色食品相关企业管理者进行有关大数据的讨论会或交流会等。

二、基于大数据促进企业的营销、管理与商业价值生态系统的创新

就黑龙江省绿色食品企业而言，规模大、实力相对雄厚的企业可以尝试进行技术的革新与升级，强化信息基础设施，引进大数据技术，利用大数据技术收集、存储和分析企业内部各个环节和流程的数据，而后通过可视化的方式将重要信息呈现出来，致力于实现生产和经营的实时监督和控制，实现企业的数据化运作和精细化管理。而规模小的企业可能没有足够的资本进行技术的升级与改造，因此可以与一些大型绿色食品企业合作或者借助于外部的一些大数据服务商和平台开展大数据应用。

大数据人才是企业大数据应用的中坚力量，而黑龙江省目前存在人才外流的现象，所以企业需要注重对大数据人才的激励、发掘和培育。此外，大数据技术、大数据应用和实践处于不断变化与发展之中，企业需要不断学习，构建学习型组织，同时注意结合企业自身和黑龙江省绿色食品市场的实际情况，探索适合自身特点的创新性应用。而且，黑龙江省绿色食品企业要秉持开放、变革的思维理念，特别是一些龙头企业，应当起到带头和示范作用，不要局限于省内，而要积极地“走出去”和“引进来”，引进外部先进的思想、知识和手段，与外部企业、相关企业合作，学会借力，特别是阿里、京东等一些大型电

商平台，借助于他们的技术和平台帮助企业进行产品和品牌的精准、高效推广以及营销渠道的开拓、管理与创新。

三、建立大数据支撑的黑龙江省绿色食品企业商业模式创新的公共服务机制

要想成功地开展大数据应用，需要公平合理的市场秩序和严格的监管体系作为保障。规范严格的监管体制有利于从根本上提高产品品质、推进品牌建设等。然而，目前黑龙江省绿色食品市场仍然存在市场秩序混乱、监管力度不强的问题。政府有关部门应着力于建立规范的交易平台和流通体系，进行标准化管控，确保绿色食品的安全性和稳定性，引导绿色食品品质和附加值的进一步提高，从而为大数据应用和实践的顺利开展提供坚实后盾。政府有关部门可以建设大规模、标准化的交易平台或交易市场，实现信息公开化、透明化，提供便利的信息查询服务，完善绿色食品产业社会化服务体系。政府也可通过完善现有的规章和制度，严格市场准入规则，加大对一切假冒伪劣行为的打击和惩罚力度，对起到带头和示范作用的企业给予奖励等。在大数据时代下，政府需要学会借助大数据的手段实现更高效、更快捷的监管体系，实时掌握市场主体经营活动的状况，进行线上线下一体化监督，及时发现违法违规行为，提高风险预判能力，不断提升工商和市场监管部门的监管能力和水平。政府还需要建设绿色食品质量追溯体系，实现绿色食品产地可追溯、流向可跟踪、信息可搜寻、责任可追究，让绿色食品生产过程对消费者透明化，帮助消费者建立对黑龙江省绿色食品的信任，从而提升黑龙江省绿色食品的品牌形象。为了能够不断探索创新性大数据应用，借助大数据的手段提高监督和管理水平，政府部门需要注重大数据能力的建设和培育。为此，政府部门可设立大数据分析应用的专门机构，配备既懂业务又懂技术的专业人才，切实提高政府大数据分析应用能力。

第六章 结论与展望

第一节 研究结论

本研究在相关理论及现有研究成果的基础上，立足于大数据的时代背景，在理论推导大数据对绿色食品企业商业模式创新影响机理的基础上，对绿色食品企业学习导向、大数据能力以及商业模式创新之间的交互影响关系进行了探讨。由于大数据能力是一个较新的概念，所以本研究对大数据能力进行了概念界定以及维度的划分。通过本研究，得出了如下结论。

一、大数据拓展了人类创造和利用信息的范围和形式

大数据作为一种新资源、新技术和新工具，为企业带来一种新的战略资源和核心能力，引起了思维和理念的变革，蕴藏着巨大的商业价值。随着大数据业务受到国家、政府和企业的重视，大数据必将为经济社会发展做出更大的贡献，也将成为企业商业模式创新的重要驱动力之一。商业模式创新作为一种涉及企业资源、能力、流程等多种要素的系统性创新，会受到大数据的影响。大数据不仅可以为企业发现价值、创造价值提供新的视角和方式，而且将成为企业商业模式创新的切入点。

二、大数据对绿色食品企业商业模式创新的影响体现在商业模式构成要素中

绿色食品企业商业模式构成要素包括价值主张、价值创造与传递模式、价值获取模式这 3 个顶层要素及其子要素。在此基础上，大数据可渗透到绿色食品企业经营管理的方方面面，为绿色食品企业进行产品服务创新、流程创新、收益模式创新、价值网络重构提供了无限的可能。绿色食品企业在大数据时代，可综合考虑外部环境和内部实践，找到商业模式体系中的一个或几个关键组成要素，以此为中心重新设计各个要素及要素间关系，探索出新的商业模式，从而提升绿色食品企业的运营效益。

三、绿色食品企业学习导向、大数据能力与商业模式创新的实证研究结果

第一，绿色食品企业学习导向的 3 个子维度学习承诺、共享愿景以及开放心智对商业模式创新均有显著的正向影响；第二，绿色食品企业大数据能力 3 个子维度对商业模式创新具有显著正向影响；第三，绿色食品企业大数据能力在学习导向与商业模式创新的关系中具有一定的中介效应。在大数据的背景下，绿色食品企业的学习导向文化若想获得更加理想的成效需要借助于企业大数据能力的中间效应，即利用学习导向来驱动大数据能力的建设，进而对商业模式创新产生影响。如果大数据能力的培育受到阻碍和约束，也会削弱学习导向对绿色食品企业商业模式创新的总影响效应。

四、黑龙江省绿色食品企业基于大数据的商业模式创新能力有待进一步提升

近年来，在黑龙江省委、省政府的高度重视下，黑龙江省绿色食品产业已发展成为主导产业，其对黑龙江省经济发展作出了巨大贡献，市场规模稳定扩大，绿色食品加工能力不断增强、产品质量有所提升，绿色食品龙头企业的辐射带动作用不断凸显。然而，在大数据、云计算的背景下，黑龙江省绿色食品企业还需要基于大数据提供的技术支持和转型要求，提升基于大数据的商业模式创新能力。为此，黑龙江省绿色食品企业要围绕以下几个方面构建基于大数据的商业模式创新体系：（1）基于商业模式创新要素建立人数据采集、存储

和共享平台；（2）基于大数据促进企业的营销、管理与商业价值生态系统的创新，借助于大数据平台进行产品和品牌的精准、高效推广以及营销渠道的开拓、管理与创新；（3）建立大数据支撑的黑龙江省绿色食品企业商业模式创新的公共服务机制。

第二节 研究局限与展望

本研究对大数据背景下绿色食品企业商业模式创新的影响因素进行了研究，并建立了学习导向、大数据能力以及商业模式创新之间的理论模型，通过实证研究的方式探索各变量之间的交互影响关系。但本研究也存在以下不足之处，有待在以后的研究中加以改进。

第一，在本研究的理论模型中，仅将商业模式创新视为一个单维度概念进行研究

许多学者认为商业模式创新是一种企业层面的系统性、整体性创新，认为它涉及商业模式内部诸要素之间的相互影响关系。商业模式作为系统性说明企业商业逻辑的整体概念性工具，应该能够反映出企业经营过程中涉及的关键要素。从客户价值主张到企业价值获取过程中涉及的一些关键要素在商业模式中都应该有所体现。商业模式的这一特征也导致商业模式创新的系统性、整体性特征。因此，未来可以对商业模式创新进行维度的划分，将其视为一个多维度概念进行研究，分析学习导向、大数据能力对绿色食品企业商业模式创新各个维度的影响及其内部各个维度之间的相互作用。

第二，本研究的假设 H3 即学习导向对大数据能力具有显著的正向影响只得到部分支持，并没有得到完全支持

从实证分析的结果可以看出，学习导向对大数据能力的数据感知识别能力和数据整合能力这 2 个维度具有显著的正向影响，而对深度分析与洞察能力并无显著影响。相对于前 2 个维度而言，深度分析与洞察能力可能是一种更高层次的能力，它的形成与发展需要以前两者为基础，数据感知识别能力和数据整合能力的培育状况会直接影响深度分析与洞察能力的形成与构建，这可能是学习导向对深度分析与洞察能力的影响并不显著的原因之一。因此，大数据能力各个维度之间可能存在某种交互关系，而不是无关的、平行的。本研究并未探索大数据能力各个维度之间的关系，未来可以针对这个方面进行改进，进一步丰富本研究的理论模型。

第三，本研究针对大数据技术、商业模式创新和黑龙江省绿色食品产业与企业的动态交互性得出的研究结论，是基于黑龙江省绿色食品产业和企业当前的现状展开的

在黑龙江省绿色食品产业快速发展的背景下，针对大数据技术、商业模式创新和黑龙江省绿色食品产业与企业的动态交互性得出的研究结论，是基于黑龙江省绿色食品产业和企业当前的现状展开的。未来，还需基于黑龙江省绿色食品产业升级、转型和黑龙江省绿色食品企业基于大数据商业模式创新的技术迭代而展开深度、动态、完善的研究，从而提升黑龙江省绿色食品企业基于大数据的商业模式创新的针对性、科学性和有效性。

附录：

调研问卷

尊敬的女士/先生：

您好！这是一份学术调查问卷，其目的在于研究学习导向、大数据能力与绿色食品企业商业模式创新之间的关系，从而了解企业基于大数据进行商业模式创新过程中的影响因素。非常感谢您能抽出宝贵时间填写此问卷！问卷仅用于学术研究，不会用作任何商业用途。问卷中所有问题没有对错之分，您只需根据贵公司实际情况和您的真实想法填答即可。我们保证将对所有资料严格保密。

填写本问卷内容约需占用您十分钟的时间，填写不完整将使您的问卷失去研究价值，恳请您答完所有的题目。您的配合与支持，将是本研究成功与否的关键。在此向您表示由衷的感谢！

第一部分　学习导向

以下题项是有关贵公司学习导向的描述，请您仔细阅读下列各题目，并依据您实际的感受，在每题最适当的数字上画“√”，各数值的代表情况为：1代表完全不同意；2代表不同意；3代表一般；4代表同意；5代表完全同意。

	完全不同意	不同意	一般	同意	完全同意
（一）学习承诺					
1. 企业管理者基本认同学习能力是企业获得竞争优势的关键	1	2	3	4	5
2. 将学习视为改进的主要途径是企业的主要价值观之一	1	2	3	4	5
3. 将员工学习看作一项投资而非成本	1	2	3	4	5

续表

	完全不同意	不同意	一般	同意	完全同意
4. 企业认为学习是企业生存的必要条件	1	2	3	4	5
5. 企业文化中并没有对员工学习的重要性进行强调	1	2	3	4	5
6. 企业内部达成如下共识：一旦停止学习，企业未来的发展将面临危险	1	2	3	4	5
（二）共享愿景					
1. 本企业员工对企业的定位及未来发展有清晰的认识	1	2	3	4	5
2. 企业各层级各部门对组织愿景达成了共识	1	2	3	4	5
3. 本企业员工都致力于实现企业的目标	1	2	3	4	5
4. 企业员工能够意识到自己对企业未来发展所承担的责任	1	2	3	4	5
5. 企业高层管理者会与员工分享、交流他们的愿景	1	2	3	4	5
6. 企业拥有一个得到全体成员认同的、清晰一致的愿景	1	2	3	4	5
（三）开放心智					
1. 企业不怕他人对企业的经营方式进行批判	1	2	3	4	5
2. 企业管理者不介意自己的观点受到质疑和反对	1	2	3	4	5
3. 企业认识到包容、接纳不同观点的重要性	1	2	3	4	5
4. 企业管理者鼓励员工突破常规和传统来思考问题	1	2	3	4	5
5. 企业文化中鼓励持续创新	1	2	3	4	5
6. 企业非常重视原创性，鼓励或引导员工提出新颖的观点或意见	1	2	3	4	5

第二部分　大数据能力

以下题项是有关贵公司大数据能力的描述，请您仔细阅读下列各题目，并依据您实际的感受，在每题最适当的数字上画“√”，各数值的代表情况为：1 代表完全不同意；2 代表不同意；3 代表一般；4 代表同意；5 代表完全同意。

	完全不同意	不同意	一般	同意	完全同意
（一）数据感知识别能力					
1. 企业内部经常发起对数据资产重要性或者大数据应用的相关讨论	1	2	3	4	5
2. 企业能辨别不同数据源数据的重要性	1	2	3	4	5
3. 企业了解或关注大数据技术的发展动向及不同应用场景	1	2	3	4	5
4. 企业意识到大数据专业人才在企业发展中的战略地位	1	2	3	4	5
5. 企业内部已经形成重视数据的普遍意识	1	2	3	4	5
（二）数据整合能力					
1. 企业能够独立开发或者从外部获得大数据分析的软件平台（例如，Hadoop 等）	1	2	3	4	5
2. 企业能够持续、实时地获取企业内外部的各种数据	1	2	3	4	5
3. 企业能够不断地学习、更新大数据技术（例如，MapReduce、Storm、Spark 等数据处理系统，深度学习、知识计算、可视化技术等大数据分析技术）	1	2	3	4	5
4. 企业能够积极引进、培育优秀的大数据技术人才	1	2	3	4	5
5. 企业能根据业务目标有效地协调内外部大数据资源（数据资源、大数据技术以及大数据专业人才）	1	2	3	4	5
（三）深度分析与洞察能力					
1. 企业拥有并掌握了一系列大数据分析软件、工具和组件（例如，Hadoop、Storm、Spark、Mongo DB、Scribe、Impala，A-pache Drill 等大数据生态圈相关的技术和组件）	1	2	3	4	5
2. 企业能够持续、实时地对企业内外部各种结构化和非结构化数据进行分析	1	2	3	4	5
3. 企业能够快速地从海量数据中分离出有价值的信息	1	2	3	4	5
4. 企业能够通过设计多尺度、多层次的方法实现信息在不同解析度上的展示	1	2	3	4	5
5. 大数据提高了企业对市场需求的洞察力	1	2	3	4	5
6. 大数据提高了企业对内部各个部门和环节的洞察力	1	2	3	4	5
7. 大数据分析和挖掘为企业的大部分决策提供了数据支持	1	2	3	4	5

第三部分　商业模式创新

以下题项是有关贵公司商业模式创新的描述，请您仔细阅读下列各题目，并依据您实际的感受，在每题最适当的数字上画“√”，各数值的代表情况为：1 代表完全不同意；2 代表不同意；3 代表一般；4 代表同意；5 代表完全同意。

	完全不同意	不同意	一般	同意	完全同意
商业模式创新					
1. 企业成功地开发出了多种创新性的产品和服务	1	2	3	4	5
2. 企业能够精准地进行市场细分和目标顾客的锁定	1	2	3	4	5
3. 企业能够创造性开发并维护好与广大消费群体、客户以及上下游合作伙伴等利益相关者所形的价值网络	1	2	3	4	5
4. 企业能够不断开拓新业务、探索新的盈利模式	1	2	3	4	5
5. 总体而言，企业的商业模式是新颖的、具有创新性的	1	2	3	4	5

第四部分　基本信息

说明：请您在选择时，根据实际情况在相应位置填入相关信息或用“√”标记。

1. 企业名称：______________________
2. 企业成立年限：______________________
3. 企业所在省市：______________________
4. 企业员工总数：

☐ 100 人及以下　☐ 101—500 人　☐ 501—2000 人

☐ 2001—5000 人　☐ 5000 人以上

5. 企业性质：

☐ 国有　☐ 民营　☐ 外资或合资　☐ 其他

6. 您的职位是：______________________

问卷到此结束，再次感谢您的支持！

参考文献

[1] Hilbert M, López P. The world's technological capacity to store, communicate, and compute information [J]. Science, 2011, 332 (6025): 60 – 65.

[2] Jie Sheng, Joseph Amankwah – Amoah. A multidisciplinary perspective of big data in management research [J]. International Journal of Production Economics, 2017 (191): 97 – 112.

[3] Hagen C, Khalid Khan, Marco Ciobo, et al. Big data and the creative destruction of today's business models [R]. A. T. Kearney, 2013.

[4] Barney J. Firm Resources and Sustained Competitive Advantage [J]. Journal of Management, 1991 (17): 99 – 120.

[5] McAfee A, Brynjolfsson E. Big Data: the Management Revolution [J]. Harvard Business Review, 2012, 90 (10): 61 – 67.

[6] Sinkula J M, Baker W E, Noordewier T. A framework for market – based organizational learning: linking values, knowledge, and behaviour [J]. Journal of the Academy of Marketing Science, 1997, 4 (25): 305 – 318.

[7] Liu Ling. Computing infrastructure for big data processing [J]. Frontiers of Computer Science, 2013, 7 (2): 165 – 170.

[8] Ji C, Li Y, Qiu W, et al. Big data processing in cloud computing environments [C] . The 12th International Symposium on Pervasive Systems, Algorithms and Networks (I – SPAN), IEEE, 2012, 7363 (1): 17 – 23.

[9] Lee J W, Kim S K. Study for performance improvement of parallel process according to analysis of Hadoop [C]. 2012 6th International Conference on New Trends inInformation Science and Service Science and Data Mining (ISSDM), IEEE, 2012: 325 – 329.

[10] Riyaz P A, Surekha Mariam Varghese. A scalable product recommendations using collaborative filtering in Hadoop for Bigdata [J]. Procedia Technology, 2016, 24: 1393 – 1399.

[11] Addo - Tenkorang R, Helo P T. Big data applications in operations/supply chain management: a literature review [J]. Computers and Industrial Engineering, 2016, 101: 528 - 543.

[12] Koscielniaka H, Puto A. Big data in decision making processes of enterprises [J]. Procedia Computer Science, 2015 (65): 1052 - 1058.

[13] Ram J, Zhang ChangYu, Koronios A. The implications of big data analytics on business intelligence: a qualitative study in China [J]. Procedia Computer Science, 2016 (87): 221 - 226.

[14] Tan K H, Zhan Y Z, J G, et al. Harvesting big data to enhance supply chain innovation capabilities: an analytic infrastructure based on deduction graph [J]. International Journal of Production Economics, 2015, 165: 223 - 233.

[15] Ang L M, Seng K P. Big sensor data applications in urban environments [J]. Big Data Research, 2016 (4): 1 - 12.

[16] LaValle S, Lesser E, Shockley R, et al. Big data, analysis and the path from insights to value, MIT sloan management review, 2011, 52 (2) : 21 - 31.

[17] Wamba S F, Gunasekaran A, Akter S, et al. Big data analytics and firm performance: effects of dynamic capabilities [J]. Journal of Business Research, 2017, 70: 356 - 365.

[18] Soroka A, Liu Y, Han L X, et al. Big data driven customer insights for SMEs in redistributed manufacturing [J]. Procedia CIRP, 2017 (63): 692 - 697.

[19] Aziz N A, Omar N A. Exploring the effect of Internet marketing orientation, learning orientation and market orientation on innovativeness and performance: SME (exporters) perspectives [J]. Journal of Business Economics and Management, 2013, 14 (1): S257 - S278.

[20] Mahmoud M A. Market orientation, learning orientation and business performance [J]. International Journal of Bank Marketing, 2016, 34 (5): 623 - 648.

[21] Tajeddini K, Altinay L, Ratten V. Service innovativeness and the structuring of organizations: the moderating roles of learning orientation and inter - functional coordination [J]. International Journal of Hospitality Management, 2017, 65: 100 - 114.

[22] Sandeep V, Rayees F. The relationship between learning orientation and business performance: do smaller firms gain more from learning orientation? [J].

IUP Journal of Knowledge Management，2015，13（4）：7－28.

[23] Real J C，Roldán J L，Leal A. From entrepreneurial olrientation and learning orientation to business performance：analysing the mediating role of organizational learning and the moderating effects of organizational size [J]. British Journal Management，2014，25（2）：186－208.

[24] Mahmoud M A，Yusif B. Market orientation，learning orientation，and the performance of nonprofit organisations（NPOs）[J]. International Journal of Productivity and Performance Management，2012，61（6）：624－652.

[25] Beneke J，Blampied S，Dewar N，et al. The impact of market orientation and learning orientation on organisational performance：a study of small to mediumsized enterprises in Cape Town，South Africa [J]. Journal of Research in Marketing and Entrepreneurship，2016，18（1）：90－108.

[26] Garrido M J，Camarero C. Learning and relationship orientation：an empirical examination in european museums [J]. International Journal of Non－profit & Voluntary Sector Marketing，2014，19（2）：92－109.

[27] Haiu A. Multi－sided platforms：From microfoundations to design and expansion strategies [J]. Social Science Electronic Publishing，2007.

[28] Prendeville S U，O'Connor F，Bakker C，et al. Uncovering ecodesign dilemmas：a path to business model innovation [J]. Journal of Cleaner Production，2017，143：1327－1339.

[29] Zott C，Amit R. Business model innovation：how to create value in a digital world? [J]. GfK Marketing Intelligence Review，2017，9（1）：19－23.

[30] Adrodegari F，Paschou T，Saccani N. Business model innovation：process and tools for service transformation of industrial firms [J]. Procedia CIRP，2017（64）：103－108.

[31] Kranz J，André Hanelt，Lntz M. Kolbe. Understanding the influence of absorptive capacity and ambidexterity on the process of business model change the case of on premise and cloud－computing software [J]. Information Systems Jornal，2016，26（5）：477－517.

[32] Doz Y L，Kosonen M. Embedding strategic agility [J]. Long Range Planning，2010，43（2/3）：370－382.

[33] Demil B，Lecocq X. Business model evolution：in search of dynamic consistency [J]. Long Range Planning，2010，43（2/3）：227－246.

[34] GuanY J，et al. Empirical study on the influencing factors of business model

innovation [J]. Applied Mechanics and Materials, 2014 (687): 4746 -4749.

[35] Guo Hai, Zhao Jing, Tang Jintong. The role of top managers' human and social capital in business model innovation [J]. Chinese Management Studies, 2013, 7 (3): 447 -469.

[36] Aagaard A, Lindgren P. The opportunities and challenges of persuasive technology in creating sustainable innovation and business model innovation [J]. Wireless Personal Communications, 2015, 81 (4): 1511 -1529.

[37] Bouncken R B, Fredrich V. Business model innovation in alliances: Successful configurations [J]. Journal of Business Research, 2016, 69 (9): 3584 -3590.

[38] Rusu B. The impact of innovations on the business model: exploratory analysis of a small travel agency [J]. Procedia - Social and Behavioral Sciences, 2016 (221): 166 -175.

[39] Ricciardi F, Zardini A, Rossignoli C. Organizational dynamism and adaptive business model innovation: the triple paradox configuration [J]. Journal of Business Research, 2016, 69 (11): 5487 -5493.

[40] Bughin, Jacques, Livingston. Seizing the potential of "big data" [J]. Mc Kinsey Quarterly, 2011 (4): 1 -7.

[41] Hartmann P M, Zaki M, Feldmann N and Neely A. Capturing value from big data - a taxonomy of data - driven business models used by start - up firms [J]. International Journal of Operations & Production Management, 2016, 36 (10): 1382 -1406.

[42] Loebbecke C, Picot A. Reflections on societal and business model transformation arising from digitization and big data analytic: a research agenda [J]. Journal of Strategic Information Systems, 2015, 24 (3): 149 -157.

[43] Ahmad W, Quadri B S M K. Big Data promises value: is hardware technology taken onboard? [J]. Industrial Management & Data Systems, 2015, 115 (9): 1577 -1595.

[44] Erevelles S, Fukawa N, Swayne L. Big data consumer analytics and the transformation of marketing. Journal of Business Research, 2016, 69 (2): 897 -904.

[45] Tien J M. Big data: unleashing information [J]. Journal of Systems Science and Systems Engineering, 2013, 22 (2): 115 -127.

[46] Wang Lidong, Alexander C A. Big data driven supply chain management and business administration [J]. American Journal of Economics and Business

Administration, 2015, 7: 60 - 67.

[47] Wang G, Gunasekaran A Ngai EWT, et al. Big data analytics in logistics and supply chain management: Certain investigations for research and applications [J]. International Journal of Production Economics, 2016, 176: 98 - 110.

[48] Dweck C S. Motivational processes affecting learning [J]. American Psychologist, 1986, 41 (10): 1040 - 1048.

[49] Hult T M, Ferrell O C. A global learning organization structure and market information Processing [J]. Journal of Business Research, 1997, 40 (2): 155 - 166.

[50] Baker W E, Sinkula J M. The synergistic effect of market orientation and learning orientation on organizational performance [J]. Journal of the Academy of Marketing Science, 1999, 4 (27): 411 - 427.

[51] Calntone R, Cavusgil S T, Zhao Yushan. Learning orientation, firm innovation capability, and firm performance [J]. Industries Marketing Management, 2002, 31 (6): 515 - 524.

[52] Celuch K G, Kasouf C J, Peruvemba V. The effects of perceived market and learning orientation on assessed organization capabilities [J]. Industrial Marketing Management, 2002, 31 (6): 545 - 554.

[53] Teece D J, Pisano G, Schuen A. Dynamic capabilities and strategic management [J]. Strategic Management Journal, 1997, 18 (7): 509 - 533.

[54] Winter S G. Understanding dynamic capabilities [J]. Strategic Management Journal, 2003, 24 (10): 991 - 995.

[55] Zahra S A, Sapienza H J, Davidsson P. Entrepreneurship and dynamic capabilities: a review, model and research agenda [J]. Journal of Management Studies, 2006, 43 (4): 917 - 955.

[56] Wu Leiyu. Entrepreneurial resources, dynamic capabilities and start - up performance of Taiwan's high - tech firms [J]. Journal of Business Research, 2007, 60 (5): 549 - 555.

[57] Amit R, Zott C. Value creation in E - business [J]. Strategic Management Journal, 2001, 22 (6/7): 493 - 520.

[58] Mahadevan B. Business models for Internet - based E - commerce: An anatomy [J]. California Management Review, 2000, 42 (4): 55 - 56.

[59] Magretta J. Why business models matter [J]. Harvard Business Review, 2002, 80 (5): 86 - 92.

[60] Stewart D W and Zhao Qin. Internet marketing, business models and public policy [J]. Journal of Public Policy & Marketing, 2000, 19 (2): 287 -296.

[61] Huizingh E K R E. Toward successful E - Business strategies: a hierarchy of three management models [J]. Journal of Marketing Management, 2002, 18 (3): 721 -747.

[62] Chesbrough H, Rosenbloom R S. The role of the business model in capturing value from innovation [J]. Industrial and Corporate Change, 2002, 11 (3): 529 -555.

[63] Timmers P. Business models for electronics markets [J]. Electronic Markets, 1998, 8 (2): 3 -8.

[64] Osterwalder A. Clarifying business models: origins, present and future of the concept [J]. Communications of the Information Systems, 2005, 15 (5): 1 -25.

[65] Betz F. Strategic business models, English management [J]. 2002 (141): 21 -27.

[66] Hamel G. Lead the revolution [M]. MA: Harvard Business School Press, 2000: 156 -198.

[67] Siggelkow N. Misperceiving interactions among complements E - business models [J]. MIS quarterly Executive, 2002, 1 (1): 17 -34.

[68] Giesen, Beman, Bell. Three ways to successfully innovation your business models [J]. Strategy & Leadership, 2007, 35 (6): 12 -17.

[69] Zott C, Amit R. Designing your future business model: an activity system perspective [J]. Long Range Planning, 2010, 43 (2/3): 216 -226.

[70] Casadesus - Masanell R, Ricart J E. From strategy to business models and to tactics [J]. Long Range Planning, 2010, 43 (2/3): 195 -215.

[71] Lindgadt Z, Reeves M, Stalk G, et al. Business model innovation when the game gets tough, change the game [J]. The Boston Consulting Group, 2009 (9): 1 -8.

[72] Stata R. Organizational learning: the key to management innovation [J]. Sloan Management Review, 1989, 30 (3): 63 -75.

[73] Khedhaouria A, Montani F, Thurik R. Time pressure and team member creativity within R&Dprojects: the role of learning orientation and knowledge sourcing [J]. International Journal of Project Management, 2017, 35 (6): 942 -954

[74] Jyoti J, Dev M. The impact of transformational leadership on employee

creativity: the role of learning orientation [J]. Journal of Asia Business Studies, 2015, 9 (1): 78 -98.

[75] Schlegelmilch B B, Diamantopoulos A, Kreuz P. Strategic innovation: the construct, its drivers and its strategic outcomes [J]. Journal of Strategic Marketing, 2003, 11 (2): 117 -132.

[76] Tidd J and Bessabt J. Managing innovation: integrating technological, market and organizational change [M]. (4th Ed.) . Chichester: John Wiley & Sons Ltd. , 2009.

[77] Battistella C, Toni A F D, Zan G D, et al. Cultivating business model agility through focused capabilities: a multiple case study [J]. Journal of Business Research, 2017, 73: 65 -82.

[78] Chesbrough H. Business model innovation: opportunities and barriers [J]. Long Range Planning, 2010, 43 (2 /3): 354 -363.

[79] Zott C, Amit R, Massa L. The business model: recent developments and future research [J]. Journal of Management, 2011, 37 (7): 1019 -1042.

[80] Smith W K, Binns A, Tushman M L. Complex business models: managing strategic paradoxes simultaneously [J]. Long Range Planning, 2010, 43 (2/3): 448 -461.

[81] Teece D J. Explicating dynamic capabilities: the nature and microfoundations of (sustainable) enterprise performance [J]. Strategic Management Journal, 2007, 28 (13): 1319 -1350.

[82] Salvador A B, Ikeda A A. Big data usage in the marketing information system [J]. Journal of Data Analysis and Information Processing, 2014 (2): 77 -85.

[83] Kambatla K, Kollias G, Kumar V, et al. Trends in big data analytics [J]. Journal of Parallel Distributed Computing, 2014 (74): 2561 -2573.

[84] Davenport T H. How strategists use 'big data' to support internal business decisions, discovery and production [J]. Strategy&Leadership, 2014, 42 (4): 45 -50.

[85] Helfat C E, Peteraf M A. Managerial cognitive capabilities and the microfoundations of dynamic capabilities [J]. Strategic Management Journal, 2015, 36 (6): 831 -850.

[86] Petrovic O, Kittl C, Teksten R D. Developing business models for E -business [C]. Vienna: International Electronic Commerce Conference, 2001.

[87] Eisenhardt K M, Martin J A. Dynamic capabilities: what are they?

[J]. Strategic Management Journal, 2000, 21 (10/11): 1105 -1121.

[88] Wang C L, Senaratne C, Rafiq M. Success traps, dynamic capabilities and firm performance [J]. British Journal of Management, 2015, 26 (01): 26 - 44.

[89] LaValle S, Lesser E, Shockley R. Big data, analytics and the path from insights to value [J]. MIT Sloan Management Review, 2011, 52 (2): 21 -29.

[90] Hurwitz J, Nugent A, Halper F, et al. Big data for dummies [M]. John Wiley & Sons, 2013.

[91] Simon P. Too big to ignore: the business case for big data [M]. John Wiley & Sons, 2013.

[92] Chen D Q, Preston D S, Swink M. How the use of big data analytics affects value creation in supply chain management [J]. Journal of Management Information Systems, 2015, 32 (4): 4 -39.

[93] 凌捷. 大数据时代绿色食品企业管理战略转型研究 [J]. 改革与战略, 2015 (5): 143 -146.

[94] 荆浩. 大数据时代商业模式创新研究 [J]. 科技进步与对策, 2014, 31 (7): 15 -19.

[95] 李文莲, 夏健明. 基于"大数据"的商业模式创新 [J]. 中国工业经济, 2013 (5): 83 -95.

[96] 李国杰, 程学旗. 大数据研究: 未来科技及经济社会发展的重大战略领域——大数据的研究现状与科学思考 [J]. 中国科学院院刊, 2012 (06): 647 -657.

[97] 孟小峰, 慈祥. 大数据管理概念技术与挑战 [J]. 计算机研究与发展, 2013, 50 (1): 146 -169.

[98] 刘义, 景宁, 陈荦等. MapReduce 框架下基于 R -树的 k -近邻连接算法 [J]. 软件学报, 2013 (08): 1836 -1851.

[99] 薛永坚, 倪志伟. 基于 MapReduce 的大规模数据集流形学习降维研究 [J]. 系统工程理论与实践, 2014, 34 (S1): 151 -157.

[100] 肖强, 朱庆华, 郑华等. Hadoop 环境下的分布式协同过滤算法设计与实现 [J]. 现代图书情报技术, 2013 (1): 83 -89.

[101] 卢小宾, 王涛. Google 三大云计算技术对海量数据分析流程的技术改进优化研究 [J]. 图书情报工作, 2015, 59 (03): 6 -11, 102.

[102] 冯芷艳, 郭迅华, 曾大军等. 大数据背景下商务管理研究若干前沿课题 [J]. 管理科学学报, 2013, 16 (1): 1 -9.

[103] 姜锋．大数据行业应用和商业模式研究 [J]．软件产业与工程，2014 (4)：20－23，28.

[104] 程刚，李敏．企业大数据能力培育机制研究 [J]．现代情报，2014，34 (3)：7－11.

[105] 谢卫红，刘高，王田绘．大数据能力内涵、维度及其与集团管控关系研究 [J]．科技管理研究，2016 (14)：170－177.

[106] 吉峰，张婷，巫凡．大数据能力对传统企业互联网化转型的影响——基于供应链柔性视角 [J]．学术界，2016 (2)：68－78，326.

[107] 谢振东，吴金成，李之明等．企业大数据能力的构建与培育研究 [J]．广东工业大学学报，2017，34 (3)：110－114.

[108] 樊博，陈璐．政府部门的大数据能力研究——基于组织层面的视角 [J]．公共行政评论，2017，10 (1)：91－114，207－208.

[109] 谢洪明，王成等．学习、知识整合与创新的关系研究 [J]．南开管理论，2007，2 (10)：105－112.

[110] 蒋天颖，张一青，王俊江．战略领导行为、学习导向、知识整合和组织创新绩效 [J]．科研管理，2009，30 (6)：48－55.

[111] 葛晓永，吴青熹，赵曙明．基于科技型企业的学习导向、团队信任与企业创新绩效关系的研究 [J]．管理学报，2016，13 (7)：996－1002.

[112] 高闯，关鑫．企业商业模式创新的实现方式与演进机理——一种基于价值链创新的理论解释 [J]．中国工业经济，2006 (11)：83－90.

[113] 刘建刚，马德清，陈昌杰等．基于扎根理论的“互联网＋”商业模式创新路径研究——以滴滴出行为例 [J]．软科学，2016，30 (7)：30－34.

[114] 郭毅夫．商业模式转型影响因素的实证研究 [J]．中国管理科学，2012 (S2)：594－599.

[115] 曾萍，宋铁波．基于内外因素整合视角的商业模式创新驱动力研究 [J]．管理学报，2014 (7)：989－996.

[116] 冯雪飞，董大海．商业模式创新中顾客价值主张影响因素的三棱锥模型——基于传统企业的多案例探索研究 [J]．科学学与科学技术管理，2015 (9)：138－147.

[117] 庞长伟，李垣，段光．整合能力与企业绩效：商业模式创新的中介作用 [J]．管理科学，2015 (5)：31－41.

[118] 刘丹．大数据对商业模式创新影响的案例分析 [J]．科技与经济，2014，20 (4)：21－25.

[119] 李艳玲. 大数据分析驱动企业商业模式的创新研究 [J]. 哈尔滨师范大学社会科学学报，2014 (1)：55 - 59.

[120] 金珺，陈俊滢，张郑熠. 现有制造型企业基于大数据的商业模式创新——以中易和为例 [J]. 西安电子科技大学学报（社会科学版），2015，25 (2)：16 - 23.

[121] 张引，陈敏，廖小飞. 大数据应用的现状与展望 [J]. 计算机研究与发展，2013 (S2)：216 - 233.

[122] 方巍，郑玉，徐江. 大数据：概念、技术及应用研究综述 [J]. 南京信息工程大学学报，2014，6 (5)：405 - 419.

[123] 康青松. 组织学习导向、知识转移和吸收能力对国际企业绩效的影响研究 [J]. 管理学报，2015，12 (1)：53 - 60.

[124] 曹红军，赵剑波. 动态能力如何影响企业绩效——基于中国企业的实证研究 [J]. 南开管理评论，2008，11 (6)：54 - 65.

[125] 贺小刚，李新春，方海鹰. 动态能力的测量与功效：基于中国经验的实证研究 [J]. 管理世界，2006 (3)：94 - 103，113，171.

[126] 罗珉，刘永俊. 企业动态能力的理论架构与构成要素 [J]. 中国工业经济，2009 (1)：75 - 86.

[127] 荆浩，贾建锋. 中小企业动态商业模式创新——基于创业板立思辰的案例研究 [J]. 科学学与科学技术管理，2011，32 (1)：67 - 72.

[128] 王琴. 基于价值网络重构的企业商业模式创新 [J]. 中国工业经济，2011 (01)：79 - 88.

[129] 马建光，姜巍. 大数据的概念、特征及其应用 [J]. 国防科技，2013，34 (02)：10 - 17.

[130] 谢德荪. 源创新：转型期的中国企业创新之道 [M]. 北京：五洲传播出版社，2012.

[131] 刘丹，曹建彤等. 基于大数据的商业模式创新研究——以国家电网为例 [J]. 当代经济管理，2014，36 (06)：20 - 26.

[132] 曹旭光. 大数据时代物流企业创新变革研究——以青岛市物流企业为例 [J]. 中国市场，2014，(22)：8 - 10，14.

[133] 侯锡林，李天柱. 大数据环境下企业创新机会研究 [J]. 科技进步与对策，2014，31 (24)：82 - 86.

[134] 宝贡敏，龙思颖. 企业动态能力研究：最新述评与展望 [J]. 外国经济与管理，2015，37 (07)：74 - 87.

[135] 曾萍，蓝海林. 组织学习、知识创新与动态能力：机制和路径

[J]. 中国软科学, 2009 (05): 135-146.

[136] 董保宝, 李白杨. 新创企业学习导向、动态能力与竞争优势关系研究 [J]. 管理学报, 2014 (03): 376-382.

[137] 李富. 大数据时代消费者行为变迁及对商业模式变革的影响 [J]. 中国流通经济, 2014, 28 (10): 87-91.

[138] 曹旭光. 大数据时代物流企业创新变革研究——以青岛市物流企业为例 [J]. 中国市场, 2014 (22): 8-10, 14.

[139] 刘巧. 大数据应用带给物流业的机遇和挑战 [J]. 物流技术, 2015, 34 (10): 74-76, 93.

[140] 程刚, 李敏. 企业大数据能力培育机制研究 [J]. 现代情报, 2014, 34 (3): 7-11.

[141] 谢卫红, 刘高, 王田绘. 大数据能力内涵, 维度及其与集团管控关系研究 [J]. 科技管理研究, 2016, 36 (14): 170-177.

[142] 易加斌, 徐迪. 大数据对商业模式创新的影响机理——一个分析框架 [J]. 科技进步与对策, 2018, 35 (3): 15-21.

后 记

《基于大数据的绿色食品企业商业模式创新研究》是在哈尔滨商业大学学科项目“现代服务业支撑龙江振兴发展研究”（项目编号 hx2016001）资助下完成的。首先，感谢哈尔滨商业大学研究生学院对本项目的大力支持，感谢哈尔滨商业大学管理学院白世贞院长对本项目顺利完成提供的帮助，也感谢课题组成员的辛勤付出，正是大家的认真研究和团队协作，才顺利完成了本研究的所有工作。本项研究成果同时也成为我所带研究生的硕士论文的重要组成部分。作为本项目的主持人，我也要感谢我的家人对我研究工作的支持，感谢我可爱的宝贝女儿易小诺给我的精神支持，你的健康成长也是我奋斗的动力！最后要感谢中国财政经济出版社周桂元主任和刘畅编辑为本书的出版所付出的智慧和辛勤劳动！

当今海量数据爆发式增长且快速变化，对传统商业模式产生巨大冲击并迅速迭代。任何企业都需要关注如何在大数据背景下推进企业商业模式的变革和创新，并由此作为企业转型与发展的重要途径。绿色食品企业面向消费者，需要适应大数据、云计算、“互联网 +”的要求，推进基于消费者精准细分与供给优化的商业模式创新。但绿色食品企业能否真正地利用大数据进行商业模式创新，还需要企业具备识别、感知、整合、分析、利用和洞察大数据的能力，从而通过这些能力，结合大数据对商业模式中的价值定位、价值创造与传递、价值获得层面的影响来进行重构和创新。现有研究成果探索了学习导向和大数据能力的内涵边界以及学习导向对组织创新的影响机制，而对于学习导向与商业模式创新关系和大数据能力与商业模式创新关系以及两者如何共同影响商业模式创新的研究还非常匮乏。本研究将绿色食品企业的学习导向、大数据能力与商业模式创新整合到一个框架中进行研究，进而明晰大数据与商业模式关系传导中的“黑箱”问题，更好地解析大数据在影响和变革绿色食品企业商业模式创新中的能力机制和组织氛围特征。然而，本研究对学习导向、大数据能力与商业模式创新的系统性研究仅仅是一个开始，未来还需要基于变量延展、行业拓展等展开深入全面的研究。我们也将本着孜孜不倦的探索精神，虚心向学术界前辈们学习，不断探索新的学术高峰！

易加斌

2018 年 2 月